【文庫クセジュ】

ヴァイマル共和国

リタ・タルマン著
長谷川公昭訳

Que sais-je?

白水社

目次

はじめに

　このような小冊子をもってしては、立ち入った研究の成果を盛り込むことなぞとうてい不可能なので、ジョルジュ・カステラン編著『ヴァイマル期のドイツ――一九一八～一九三三年』に寄稿するに際して、十五年前に始めた省察を敷衍して、本書の内容とすることとしたい。この省察というのは、『ヴァイマル・ドイツ思想と文化』についてのセミナーの際にいっそう深めることができたものであるが、いずれにしても、こんにち、《現代性《モダニティ》の危機》と一般に呼ばれている現象を理解するためには、ヴァイマル・ドイツの思想と文化というテーマがいかに重要であるかが、フランスでもようやく認識されはじめているのである。

　戦争で混乱の極みとなり、敗戦とそれに伴う諸現象の結果、満身創痍となった国の混乱のなかから生まれたこの共和国のなかでは、あらゆる階層、あらゆる立場の男女たちが勝手気ままな夢をみ、好きなように創造力を発揮することができたわけだが、そのような共和国が内包する矛盾を、いったいいかに理解したらいいのだろうか。その矛盾たるや、既存の秩序の持つ重みをいっさい考慮に入れずに、なんらかの《革新性》をもととして、自由、社会主義、文化ならびに科学上の進歩、人間同士の親和といった概念に関する新しい秩序を確立することができると信じ込んでいた異端性とでもいうべきものであった。もっとも、ここでいう革新性とは、それを標榜するさまざまの集団相互の間だけでなく、それを口にする男女個人個人の間でも、その意味するところは異なっていたのであるが……。いずれにしても、このような創造的ともいうべき《無秩序》の持つ多様性、その豊かさは、それが最後には人類の歴史のなかで最も残忍な独裁政治の成立に合法的に道を開くこととなる危機的状況のなかで、悲劇的な最期を遂げた事実とまったく同じくらい、とはいわないまでも、それに匹敵するくらい、人びとの興味をそそる現象であったということができよう。

第三帝国の廃虚のなかから生まれたドイツ連邦共和国（西独）、ドイツ民主主義共和国（東独）両国はそれぞれ、ヴァイマル共和国の亡霊について、前者は、反民主主義勢力の台頭を前にして民衆がこれを阻止しようとする意識を欠くという錯誤を犯した結果であるとし、また後者は、社会民主党の《裏切り》をよいことに、大資本擁護の政策を推進していくための道具として利用されたものだとして、いずれもこの時代の体制を否定しようと努めているようである。このようにヴァイマル共和国の存在を、状況の産物と見なす考え方は、ドイツ民族の間にますます広がりつつあるヴァイマル体制そのものへの否定的感情を説明するどころか、むしろこれをわかりにくいものにしているといっていいだろう。ところでこうしたヴァイマル体制への否定的感情は、いまではドイツ民族の過半数を捉えるまでになってはいるが、民族全体に及ぶところまではいっていない点に、とくに留意する必要があろう。ヴァイマル体制下にみられた諸現象は、目に見えるもの、見えないもののすべてをひっくるめて、究極的には多くの民衆に否定されるものとなり、経済危機が広がりをみせるようになると、民衆の拒絶反応はいっそう、増幅されるのだが、いまだにあまりにも頻繁に試みられているように、そうしたヴァイマル体制下の諸現象のすべてを、ドイツ民族は民主主義には本質的に適していない民族であるとの前提に立って、文化の面だけでなく、生物学の点でも、なんらかの決定論のせいにしようと試みるとすれば、そうした考え方そのものが固定的な性格のものとなるので、さしたる意味を持たなくなる。この場合、ドイツ民族が民主主義に適さない民族であるとする概念は、かつての《プロイセン》ドイツ、正統派マルクス主義的観点からみた経済大国ドイツの権威主義を過大評価しようとする歴史観に由来するといってさしつかえないだろう。ヴァイマル共和国が死に追いやられた要因としては、右翼および極右陣営に属する体制への反対分子が手を結んだことがまず挙げられるが、もう一つ、ヴァイマル体制への民衆の嫌悪が漸新的に、しかもさまざまの形で表面化したことも忘れてはならず、この民衆の嫌悪感がいかなる性格のものであったかを知るには、ヴァイマル共和国の誕生から滅亡まで、絶えずこの体制に揺さぶりをかける要因として働いた歴史的・経済的・制度的・社会文化的諸要素がいかに相互に作用し合ってきたか、その経過を跡づける以外に方法はない。ヴァイマル体制の危機に関連して、その文化的側面、とくに思想的、宗教的分裂現象とか、さまざまの芸術部門で異端性をも許容するに至ったその前衛的性格を、クリスティーヌ・ビュシ＝グリュックスマンが《男性的特質の存在論》と呼ぶ現象のとりことなった一般大衆が許容できなくなった事態などを、私がとりわけ重視する立場をとったのは、そうした文化的現象こそ、ヴァイマル体制下のドイツだけに固有のものだったわけでなく、その表現様式はさまざまではあっても、こんにちの西洋文明全体に共通して見られる性格のものであると私の目に映じているからにほかならない。ちなみに、ここでいう《男性的特質の存在論》なるものは、概念的・構造的厳密性をもたらす概念であるだけでなく、恐怖、不安感、欲求不満といった感情に敏感に反応するよう人びとを促す理論でもある。

第一章　ヴァイマル共和国の沿革

Ⅰ　ヴァイマル共和国の実像

一九一八年に帝政ドイツが軍事的・政治的に崩壊したことによって生じた混乱のなかから誕生したヴァイマル共和国は、人によっては、他から押しつけられたものだとする者もあれば、一時しのぎの間に合わせにつくられた体制であるとする見方もある。帝政ドイツの崩壊の原因としては、のちに《背後からの一突き》なる神話が国家主義の立場にある人びとによって宣伝されるようになるが、それはさておき、帝政を支える力が弱まってきていることがだれの目にも明らかであったにもかかわらず、当然、帝政を擁護しなければならぬ立場にある人びとでさえ、その崩壊を阻止するために立ち上がろうとしなかったことに加え、連合国に包囲されたことでいっそう深刻の度を増した四年間の残虐な戦争にうんざりしたドイツの民衆が、名誉ある和平、政治的自由の回復、生活水準の向上などを希求するようになったこともあって、民衆のそうした希求を代弁していると見なされる政治的諸勢力が一気に力を増して、民衆の欲求を満たす方向に走ったというのが事の真相である。その結果、《十一月革命》と世に呼ばれる事件をきっかけに、三つの異なった運動体が力を得ることになるのである。

この三つの動きのうち、時系列的に第一に挙げられるのが、中道ないし左翼に属する政党（社会民主党、左翼系の自由党、カトリック系の中央党）によるもので、これら諸政党は一九一七年に和平決議に賛成票を投じ、このときすでに、それまでの帝政下の半封建的君主政体を廃して、議会制君主政体を実現すべきであるとの立場をとっていた。この目標は、マクス・フォン・バーデン公がエーリヒ・ルーデンドルフ将軍に（それまでも独裁に近い権力を与えられていた）配下の参謀本部に譲歩し、アメリカ大統領ウッドロウ・ウィルソンの七月四日提案の一四条からなる休戦条件（そのなかには民主制制定が主たる条件として含まれていた）をのんで、一九一八年十月二十八日に議会制君主政体を制定することに同意（これによって帝国議会の統制下に置かれた政党自体の大臣が行政の任に当たることとなっていた）したときに、いったんは達成されたかに見えた。しかし、それまで休戦の必要をしきりに主張していた軍の上層部が、この期に及んで、休戦条件は受諾することができないといい出して言を左右にするようになったことから、これに業を煮やした民衆の運動に火がつけられ、その勢いのおもむくところ、一気に帝政の崩壊につながったのである。

帝政が崩壊しつつあるのをまのあたりにして、ここに第二の動きが下から盛り上がってくる。この動きは、同じ十月二十八日にキールとヴィルヘルムスハーフェンで起きた水兵の反乱に端を発するものであった。この反乱は、ドイツ全土にわたって起きる革命的ストライキと『労兵評議会』設立への前触れでもあった。この第二の動きのおもむくところ、十一月七日にはミュンヘンで、さしたる流血の惨事を見ることもなくバイエルン帝政が崩壊し、独立社会民主党（USPD）のクルト・アイスナー（一八六七～一九一九年）が、その翌日、バイエルン自由共和国を宣することとなる。同じような事態はドイツ国内の他の王家にも波及し、十一月九日にはヴィルヘルム二世が、帝位を追われて、オランダに亡命するところとなった。左翼勢力の領袖たちは、この機をとらえて、共和国を宣言しようとした。宮殿前に集まっている極左勢力に出し抜かれるのではないかと恐れた社会民主党のフィリップ・シャイデマン（一八六五

～一九三九年）は、この日午後二時急ぎ、共和国成立を宣言すると同時に、フリードリヒ・エーベルト（一八七一～一九二五年）を首班とする社会主義勢力から成る政府を結成する旨、発表した。ところが新首相として名ざしされたエーベルトは、新たに設けられる制憲議会のみが国の将来の体制を決定する権限を持っているのだとの判断から、同志シャイデマンの宣言を穏当でないと非難する始末となった。その二時間後に、ヴィルヘルム・リープクネヒト（一八七一～一九一九年）が王宮の屋上に赤旗を掲げさせ、《社会主義自由共和国》成立を宣言させたのである。

わずか三日間に、社会主義を標榜する三つの異なった共和制勢力がそれぞれ、みずからの政権を宣言したことは、民衆の運動が分裂していることを示す何よりの証拠であった。ローザ・ルクセンブルクがいみじくも政治的未熟性と表現した事態のなかで、第三の動きもすでに表面化しつつあった。この第三の動きとは、議会制民主主義のわく内での改革を求める勢力と、ボルシェウィズム型の社会改革を指向する勢力との間で一九一八年から一九一九年にかけての冬季に展開された骨肉相食む闘争のことで、この闘争の解決には軍部の介入を必要とした。

Ⅱ　臨時政府の成立

社会民主党が、労働者評議会の力をしりぞける一方、《モスクワに依存する少数派のはねっ返り》をも排除して、反革命の立場にある軍部と結ぶという《裏切り》をおかしたことから、労働者評議会、モスクワ派の双方とも強い不満をいだくこととなったわけだが、この両者のそれぞれから、自陣営の味方であると見なされていた《一般大衆》のほうは、一九一八年十一月十日には、すでにどの陣営を選ぶかを決めていたようである。現に、この日にブッシュ・サーカス場で開かれたベルリンの労兵評議会の総会では、フリードリヒ・エーベルトを擁立して臨時政府を選ぼうとする多数派が、リープクネヒトをかついで労兵評議会主導になる社会革命を実現すべきだとする少数派の意見を圧倒していた。

社会民主党員三人（エーベルト、シャイデマン、オットー・ランツベルク）、独立社会民主党員三人（エーミール・バルト、ヴィルヘルム・ディットマン、フーゴ・ハーゼ）で構成され、それに帝政時代からその地位にあった大臣数人が専門家の資格で加わってできていたこの執行機関（理論上は労兵評議会の支配下にあった）の初仕事は、すみやかに休戦協定を締結することであった。休戦協定は十一月十一日にフランスのコンピエーニュで、中央党出身の下院議員で大臣の地位にあったマティアス・エルツベルガー（一八七五〜一九二一年）を団長とする代表団により調印されたが、いかに臨時政府とはいえ、この執行機関が手がけた初仕事は、新たに誕生した体制の前途をのっぴきならぬものとする結果となった。エルツベルガーが、政治を自分の思い通りの方向に導いていこうとの意図から、新たに権力を握った連中と直接の協力関係を結んだので、軍幹部は敗戦の責任をまぬかれることができた。民主主義的な共和国なるものに反対する勢力は、この矛盾を突くことを忘れず、国家主義の立場にある連中は《十一月の犯罪者の裏切り》を糾弾し、一方、極左勢力のほうは社会民主党の軍部との結託に鋭く斬り込む始末となった。

こうした左右両勢力からの攻撃にさらされて力を失った多数派社会民主党は、それでも敗戦の結果、疲弊しきった国民の生活水準を少なくとも最低の正常な線にまではもっていこうとし、そのためにはさしあたりなんらかの政治勢力と手を結ぶ以外にないと考えるほど追い込まれた状態となっていた。

国外に残っている兵士たちの祖国帰還、動員解除、社会復帰の促進といった課題のほかに、戦争による犠牲者には救いの手をさしのべてやらなければならなかったし、あらゆる種類の分裂主義の動き（急進的左右両勢力からの反抗とか、個人主義、地方独立主義の運動）をまのあたりにして、民族の統一を維持していかなければならないといった難題も山積していたので、新たに権力を握った指導者たちは、帝政時代の家父長的諸制度を断固、排除した新生ドイツを作り上げていくという仕事に取り組む余裕がなく、いったん破綻した諸計画を再構築して軌道に乗せるという組織管理的な仕事に専念せざるをえなかった。とはいえ、改良され、民主化された資本主義のわく組のなかで社会を構築していこうとする社会民主党（SPD）およびその息のかかった労働組合の戦前からの政策理念は、臨時政府の政治経済に関する政策綱領のなかに盛り込まれるようになっていた。

例外法の廃止、出版、表現、集会、信仰の自由の回復、二十歳以上の男女全市民への選挙権および被選挙権の付与と、つぎつぎに打ち出された政策は、一日八時間労働制、小作人と農場主との間の封建的主従関係の廃止、失業者救済基金の創設、俸給生活者の福祉を保証する社会政策の一環としての傷病保険制度の改良といった諸対策と相まって、個人の基本的人権の保証をねらいとするものであった。任期が三か月にも満たない仮の政府の手で実行に移されたこれら諸政策は、それ自体、大きな前進であったといえるだろう。だが、これらの諸政策が現実にどの程度まで実行に移されるかはまったく未知数であった。というのは、新体制下にあっても、経済界の封建制、行政ならびに司法制度、軍隊、文化、教育機関といった諸制度は手つかずの状態に放置され、そのことが新政策を実行していくうえで阻害要因として働いていていたからである。

それにしても、《社会主義的》と形容してさしつかえないこの政策綱領の中身を見て、だれにとっても最も意外だったのは、生産手段の社会化を臭わす条文すら、まったく見受けられないことであった。

その理由として挙げられるのは、戦争によって手痛い打撃を受けた経済がいよいよ危機に瀕するようになるのを恐れたこと、私有財産制尊重に固執している戦勝国にいっそう安心感を与えたいとの希望のほか、国土の東方に広大な領土を確保しておくことがポーランドからの侵略を防ぐための何よりの安全策であるとする確信があったこと、いっさいの急進的な社会改革を避けたいとする社会民主党の伝統的な考え方があったことなどである。十一月十五日に各労働組合と二一の経営者団体との間で労働共同体協定が調印されたことで、事態はいっそうの改善をみた。スパルタクス団の機関紙『赤旗』はこの機をとらえて、資本家たちに与えられた《贈り物》に激しい怒りをぶちまけた。資本家たちは、労働協定調印によって、労働組合の自由の承認、一日八時間労働制、労働協約の締結、大企業での労働委員会の選定許可などといった譲歩とひきかえに、企業の公有化をまぬかれただけでなく、賃上げ闘争の停止をもかちとっていたからである。スパルタクス団の反対にもかかわらず、協定に調印した労働組合は、二〇〇万人近くの加盟組合員の承認を得て、なんとか愁眉を開くことができた。革命を求める少数派と、改革を推進しようとする多数派との間の対話なぞ、あろうはずがなかった。生産手段の公有化を求める勢力に対し、フリードリヒ・エーベルトは答えた。「まず何よりも選挙を」と。両者の、お互いに聴く耳を持たない関係は、政界においても同じであった。両者の主張を要約すれば「労兵評議会に全権を与えるか、さもなくば選出された国民議会に代表される人民に全権を与えるか」であって、いわば二者択一を迫るものにほかならなかった。

十二月に入ってからの何日間かは、事態はまだ流動的なままであった。新たに自由を与えられた立場を利用して、ブルジョワ諸政党は急速に立ち直りつつあった。カトリック教会だけでなく、労働組合や諸種の非営利団体から成る広範な民衆にも支持されていた中央党は、以前からの党名をそのまま継承して使っていたが、右翼諸勢力は、保守的傾向のもの、自由主義的傾向を帯びたものの別なく、いずれも自党の新しい党名に《人民（Volk）》の語を付け加える必要があると判断した。というわけで、伝統的右翼勢力は『人民ドイツ国民党（DNDP）』と名乗る政党のもとに再結集することとなり、一方、自由主義的保守勢力は統一に失敗して、右派は『ドイツ人民党（DVP）』に、左派は『ドイツ民主党（DDP）』へと分裂することとなった。しかし、農村部を中心に、あいかわらず大きな影響力を保持していたこれら保守系各党の機関紙は、ボルシェヴィズム独裁の防波堤を気取って、国民議会での労兵評議会の力を弱めようとこぞってキャンペーンを張った。一方、軍のほうはどうだったかというと、一刻も早く家庭に戻ることしか頭にない連中はすでにいなくなっていて、残っているのは職業軍人と、俸給目当ての連中、それに見通しもなしに民間人の生活に戻るのを忌避する連中だけであった。メルカー将軍がヴェストファーレン地方で、最初の《義勇軍》を旗揚げしたのは、こうした雑多な人種構成をなす軍のなかから御しやすい隊員を狩り集めてのことであった。ちなみに、この義勇軍は、正真正銘の傭兵組織ながら、その参謀本部は、最優先目標として、ドイツ全土にわたって秩序の回復に努めること、換言すれば革命分子を相手に力試しすることを挙げており、この目標は臨時政府の認めるところでもあった。

Ⅲ　権力闘争

最初の衝突は十二月六日、ベルリンで起きた。このとき、労兵評議会の中央機関で、かつ臨時政府の政策を実行に移すだけでなく、エーベルト首相を共和国大統領であると宣する任を帯びた統制委員会

(Vollzugsrat) の委員たちを逮捕しにやって来た武装集団の反乱の動きに対し、義勇軍は敢然と戦いをいどんだのである。エーベルトは、法律を重んじる人物だったので、統制委員会によるこの種の大統領への任命を受け入れるはずがなく、しかも統制委員会の委員たちのほうも、社会民主党の治安責任者であるオット・ヴェルスの要請でベルリンに駆けつけたレキス将軍麾下の一隊の力で釈放されはしたが、にもかかわらず、この事件をきっかけに、社会民主党指導部と反革命勢力との結託を問題視するスパルタクス団の不満はいっそう強いものとなった。この事件の際に、義勇軍の隊員に一六人の犠牲者がでていただけに、社会民主党と反革命勢力との結託は、いっそう重要な意味を持つものとなっていた。ルーデンドルフの後任として参謀次長となっていたグレーナー将軍（一八六七～一九三九年）とフリードリヒ・エーベルトとの間の秘密取引を見守る立場をそれまでとっていた軍が、いよいよ公然と動きを見せ始めたのである。十二月八日にはヒンデンブルク元帥（一八四七～一九三四年）が、労兵評議会の解散と、制憲議会の即時開会を求める挙に出た。翌日、上官の命令で臨時政府のもとに急派されたシュライヒャー将軍が臨時政府から、民間人に武器を所持することを禁ずる政令を発してもいいという約束をとりつけるのに成功した。この措置が、革命推進派の各集団の武装解除をねらいとするものであることは明らかであった。血みどろの争いが日に日に泥沼化したのは事実であるが、といって、多数派社会民主党の信用に傷のつくことがなかったことは、十二月十六日から二十日にかけてベルリンで、将来の国家形態を決めるための労兵評議会の全国大会が、臨時政府の呼びかけで開かれたことでも明らかであった。ここで注目すべき点は、ドイツ全土に散らばる労兵評議会から選ばれた全国大会への代議員のなかに、スパルタクス団の代表は事実上、いなかったことである。カール・リープクネヒト、ローザ・ルクセンブルクといったスパルタクス団の最高指導者たちすら大会に姿を見せなかったが、それは独立社会民主党がこの両人の参加を提案したにもかかわらず、大会代議員のうちの三五〇人が両人の参加を拒否したからであった。大会では、制憲議会議員の選挙を一九一九年一月十九日に実施しようとのエーベルトの提案が、やはり三五〇人ほどの過半数で可決された。エルンスト・ドイミク、ゲオルク・レーデブール両人を頭目とする革命推進派労働者および独立社会民主党左派で構成される少数派は、敗れたとはいえ、独立社会民主党出身の代議員全員を説得して、全国労兵評議会の常設機関として、人民委員の活動を規制する任を帯びた《中央審議会》選出への参加を拒否させるのには成功した。ともかくも、この大会の決議により、以後、権力の全責任は全面的に社会民主党の手にゆだねられることとなり、三人の独立社会民主党出身の委員は、個人の資格でこれに参加するほかなかったのである。

このように独立社会民主党は、いわば条件付き支持といった態度であったが、それがはっきりと反対の立場に変わるまでには、さほど時間を要しなかった。十二月二十日の労兵評議会の大会が終わるか終わらないかの時期に、あの《人民海兵団》事件が突発したのである。海兵団はもともと革命を擁護する立場をとっていたのだが、このときは、そうした大義名分よりも、むしろ経済要求を動機として行動を開始したのである。にもかかわらず、海兵団の水兵たちは、人民蜂起の際の水兵の歴史的役割なるものを口実にして、王宮内に宿営し、付近の住民に迷惑をかける権利を強引にかちとってしまった。こうした事態を収拾するために、当局は約千人の水兵を相手に、八万マルクの俸給を支給する代わりに他の場所に移動して宿営するようかけ合った。このとき、滑稽だが、のちに悲劇に転じることとなる小さな事件が起こった。当局の態度にだまされたと感じた水兵たちは、オットー・ヴェルスを逮捕すると同時に、その場に居合わせた人民委員たちを臨時政府の本拠地である首相官邸のなかに軟禁して、外部に通じる電話線を切断してしまった。ところが、首相官邸と参謀本部との間には直通電話があり、この電話は十一月九日から十日にかけての夜中に参謀本部が、フリードリヒ・エーベルトへの連絡のために、おおいに利用したものだったが、この電話線だけは水兵たちに気づかれないままに放置されていたので、こんどはエーベルトが参謀本部に情報提供するのに、この電話線を利用することができたというわけである。《ボルシェヴィキ勢力》に決定的な打撃を与えるのに成功するという望外の好運に恵まれた軍将校連は、首都の近辺で動員解除の命令を待っている軍隊の指揮官であるレキス将軍を、現場に急派する手を打った。その結果、ベルリン市民たちは、クリスマス・イヴに、正規軍と、王宮から排除された水兵たちとの間で展開された戦闘を、啞然とした面持ちで見守ることとなる。反徒たる水兵たちに歯向かった兵士たちは、偶然にも傭兵ではなかった。反革命の目的のために利用されるのをきらったこれらの兵士たちは、上からの命令を、ほどほどの熱意で実行したにすぎなかった。結局、両勢力の間で妥協のための話し合いがなされることとなり、その結果、本来の兵営に避難することによって、すでに人民委員たちの身柄を拘束しておくのをあきらめていた水兵たちは、ヴェルスの身柄を釈放することと、約束通りの俸給を支払うことを条件に、新たな兵営を割り当ててもらうことに同意したので、結局水兵たちは、全員の特赦と団結の維持とを保証されることとなったのである。

十二月六日の衝突のあと、突然起こったこれらの事件は、臨時政府の権威をいちじるしく失墜させる結果となった。臨時政府は、ひと握りの反徒を前にして、軍部にたよることができず、みずからの権威を示すこともできなかったからである。以後、スパルタクス団だけでなく、ベルリンの庶民階級に属する市民たちまでもが、エーベルトの軍部への呼び掛けを、革命を粉砕する方針を示したものと解釈するようになった。殺された水兵たちの埋葬のおり、スパルタクス団員やベルリンの庶民たちは、自分たちが死んだ水兵たちの同調者であることを示すことができ、エーベルト、ランツベルク、シャイデマンらを水兵殺しの犯人であると非難するプラカードも、いくつか掲げられた。たとえ、いかに民衆に人気のある政府といえども、その閣僚のうちの何人かが、数百人の反徒の手で、報酬の問題を理由に捕えられたり、監禁されたりするような事態となれば、これを容認することができないのは当然であって、独立社会民主党が、その支持基盤を失う危険をおかしてまで、帝政時代の軍部の将軍たちとの協力政策をますますあからさまにしつづけるなどということは、とうていできない相談なのであった。プロイセン、ザクセン、ヴュルテンベルクの各州にある政府の地方機関のなかにいる独立社会民主党の責任者たちと同様、党の人民委員までが解任されたのは、そうした背景があってのことであった。このようにして社会民主党と独立社会民主党の連立が崩壊した結果、独立社会民主党は、労兵評議会大会の際に、はしなくも露呈した党内の分裂を修復して、団結を再び強固なものとするための好機を得ることとなった。社会民主党の単独政権となった政府を孤立化させる間に、独立社会民主党は、解任された人民委員たちのあと釜のひとりにグスタフ・ノスケ（一八六八〜一九四七年）を任命することによって見せていた右傾化の傾向を、さらにいっそう強めることとなった。ブランデンブルク出身で指物師上がりのノスケは、帝国議会議員になって以来、植民地政策と国防問題の専門家と自他ともに許しており、それが理由で水兵の反乱の際にこれを鎮圧するためにキールに急派させられた実績を持っていたが、こんどは同じ任務を首都で果たさなければならなくなったのである。その結果、ノスケは〈血の数週間〉と呼ばれる一九一九年一月の流血事件の際に、容赦のない厳しさで事に当たらざるをえない運命となる。ノスケはのちに、『回想録』のなかで、みずからこう記している。「だれかが人殺しを恐れない猛犬になる必要があったので、私は、その任務を躊躇なく引き受けた」（『キールからカップまで』ベルリン、一九二〇年刊）

反徒たちを流血の惨事のなかで粉砕し、左翼勢力の分派活動を引き返しのきかない決定的なものとし、いままさに生まれ出ようとする共和制の性格をおそらくは確定するに違いない結果を招いたこの第三の衝突の原因としては、革命派の人物に対してあまりにも寛容でありすぎるとみられた警視総監エーミール・アイヒホルンが、臨時執行官兼プロイセン州内相だった人物に解任された事件が挙げられる。独立社会民主党内にいる友人たちの考えとは逆に、アイヒホルンは、革命派の無産階級に属する人びとを守っていくためには警視総監の職はとくに役立つと考え、その職にとどまっていくとはらを決めていた。信頼でき、かつ自分の命令を忠実に実行する気のある人物を起用したいと考える臨時執行官が、アイヒホルン更迭に踏み切った裏には、そのような事情があったのである。服従を拒否するアイヒホルンは、解任を通告されて、これは革命派勢力弾圧のための新たな手段であると痛感した。

警視総監更迭の発表があると間髪を入れず、一月四日に企業内の代議員、スパルタクス団員、独立社会民主党幹部の三者の話し合いがなされた。三者はベルリンの街頭で大規模なデモを行なうよう、共同で呼びかけていたのである。一九一九年一月五日、ショルツェ工場の代表、スパルタクス団のカール・リープクネヒト、独立社会民主党のゲオルク・レードブール三者をリーダーとする革命委員会が設けられて、これがデモ隊にデモを継続するよう呼びかけた。翌日の一月六日、ストライキは首都全体に広がり、民衆の度肝を抜くほど大規模な新たなデモ隊がベルリンの主要道路を埋め尽くした。その間、武器を手にしたいくつかの集団が警視庁、大手の新聞社（モッセ、シェルル、ウルスタイン等）のほか、社会民主党機関紙『前進』の事務所等を占拠した。『前進』の事務所は、一九一八年一月中に起きた数度の衝突事件の際にも、武装集団によってすでに乗っ取りの対象とされていたものであった。こうした動きに対して臨時政府からの反応がなかったので、世間では、第二の革命が進行中であるとか、その第二革命の首謀者たちが、新たな権力機構をつくって、反乱をやり遂げようともくろんでいるといった噂がまことしやかにささやかれていた。ところが革命委員会の内部では、独立社会民主党もスパルタクス団も、ともに反乱の動きを強めようとは主張していないのが実情であった。それというのも、いかなる軍事組織も頼りとするには足りない上、首都以外の国内の地域からの支援を期待するのはもっと無理があり、蜂起するにしても、それは危険きわまりない賭けでしかなかったからである。ベルリン以外の地方からは、散発的なストライキの報が伝えられてくるにすぎなかったことも、その背景にはあった。ただドイツ共産党（KPD）を創設するに際して、民衆の自発的意志に基づく社会主義的な共和制を創設することに賛成していた一部強硬分子（リープクネヒトとルクセンブルクはこの考え方に反対していた）だけは、現存の責任者たちとのいっさいの妥協を排し、いまこそ最後の戦いをいどむべきであると考えていた。ベルリン地区の大企業数社の労働者が、三派に分裂している社会主義勢力を一本化すべきであるとの決議を採択したことで混乱がいっそう深刻化した事態を受けて、独立社会民主党は一月十日、臨時政府との交渉開始に踏み切った。社会民主党の提起している条件は、占拠中の建造物からの立ち退きだけだったが、独立社会民主党が臨時政府と交渉を始めたことを策謀であるとして、ローザ・ルクセンブルクは翌日、スパルタクス団の機関紙『赤旗』のなかでこれを非難する論陣を張った。その間、ノスケは政府系の武装集団を結成せよとの命令を受け、交渉が決裂した場合、この武装集団が反徒らを鎮圧する手はずとなっていた。ノスケはのちに回想録のなかで、こう記している。「あの反徒たちの群衆が、あの日の正午に、自分たちがどこに向かって動きつつあるかを正確に把握している指導者に指揮されていたとすれば、反徒たちはベルリンを手中におさめていたに相違ない」と。ノスケのこの言葉は、反徒弾圧が残忍きわまりなかったことを事後に正当化することを目的とする誇張であることは明らかである。首都防衛に備えて、社会民主党系の志願兵から成る三連隊の部隊があらかじめ組織されていたが、ノスケはこれら三連隊だけにたよることなく、むしろ義勇軍や反革命派の軍事諸組織をたよりに、大砲や火炎放射器を駆使して反徒側の拠点をつぎつぎと粉砕していった。

一月十三日、反乱の失敗が明らかになると、首謀者だったアイヒホルンとショルツェはベルリン脱出を果たす。レードブールはとらえられるが、のちに正規の裁判所で無罪放免をかちとる。一方、カール・リープクネヒトとローザ・ルクセンブルクの両人は、他の委員たちと意見を異にしていたにもかかわらず、あくまでも革命委員会の側にとどまることに固執した結果、反革命派の将校連にとらえられ、将校連は一月十五日、両人を殺害してしまった。軍事法廷に出頭させられた暗殺者たちは、この種の状況の際の常套文句である「二人は逃亡を企てたので殺されたのだ」と主張し、この論法が聞き入れられて、結局は穏便な判決の恩恵に浴することとなるのだが、それには殺人者らに同情的な空気のあったことがあずかって力あった。こうした出来事をまのあたりにして、みずから感じた悲しみや怒りの感情は、革命派に同情的だった画家や知識人たちの手で、作品のなかに盛り込まれて今日まで残されている。ゲオルゲ・グロス（一八九三〜一九五九年）のデッサンのうちの一枚に、こんな描写のものがある。鉄兜をかぶったひとりの士官が、左手で盃を高くかかげながら、右手では乳飲み子を串刺しにしたサーベルをふりかざし、その足元の血の海のなかには累々たる死体が横たわっているという図で、ご丁寧にも「ノスケ君、乾杯！　無産階級は丸腰になったよ」という士官のせりふまでが書き込まれている。暗殺された革命派の指導者たちを記念して画家ケート・コルヴィッツは、棺のなかに横たわっているリープクネヒトが、その亡骸の前にひざまずきにやって来た庶民たちに囲まれている姿を木彫にしているし、詩人のヨハネス・ベハーとベルトルト・ブレヒトの両人は『共産主義者ローザ』なる詩を歌い上げている。戯曲『夜の太鼓』の作者でもあるブレヒトは、作中の主人公に「俺は一匹の豚だ。豚がわが家に戻ったというわけさ」とのせりふをいわせることによって、無事平穏を望む一心で革命から身を引いた大多数の民衆を痛罵している。

それから四日後には、ドイツ本国の北部と中部、それにルール地方で、何件かの蜂起が起きたことが記録されているものの、いずれも即座に鎮圧されたとされており、万事が一変して、ドイツはまったく新しい時代を迎えていたのである。

一九一九年一月十九日、憲法制定のための国民議会の選挙が平穏に行なわれ、それに伴って、あの労兵評議会は消滅し、ブルジョワ諸政党が息を吹き返すこととなるのである。

第二章　制憲議会とヴェルサイユ条約

I　ヴァイマル連合

普通選挙で選ばれた制憲国民議会ではあった（初めて婦人が投票に参加した）が、その構成はしかし、一九一八年以前の帝国議会とさして変わらなかった。有権者総数は三六八〇万人で、共産党による棄権の呼びかけがあったにもかかわらず、投票率は八二・七パーセントと記録的な高率となった。その結果は次の通りであった。

政党	得票数	得票率	議席数
独立社会民主党	二三一万七〇〇〇	七・八	二二
社会民主党	一一五〇万九〇〇〇	三七・九	一六五
ドイツ民主党	五六四万一〇〇〇	一八・六	七五
中央党（カトリック系）	五九八万〇〇〇〇	一九・七	九一
ドイツ人民党	一三四万五〇〇〇	四・四	一九
ドイツ国家民主党（国家主義）	三一二万一〇〇〇	一〇・三	四四

このときの選挙で左翼勢力（独立社会民主党と社会民主党）は、投票総数の約四五パーセントを獲得して一九一四年の実績をおよそ一五パーセント上回る健闘ぶりをみせたものの、新議会の総議席数四二一議席のうち、わずかに一八七議席を得るにとどまった。これに対して右翼勢力（ドイツ人民党とドイツ国家人民党）のほうも、得票率は一四・七パーセントで、議席数も六三議席だったので、得票率三八・三パーセント、総議席数一六六議席を確保する中道諸政党（自由派のドイツ民主党とカトリック系中央党）がキャスティングボートを握ることとなり、左翼勢力は、議会内で支持を得るためには中道派勢力にたよらざるをえない状態に置かれた。このいわば《中道主義的民主主義》の象徴として選ばれた場所が、緑豊かなドイツの国土の真ん中にある小都市、ヴァイマルで、かつて古典主義の聖地であったこの小都市は、そのころメルカー将軍麾下の七〇〇〇人の兵士たちに守られて、大工業諸都市の革命的喧騒からは隔離された場所となっていた。

ここに設けられた新しい議会に課せられた仕事は二つあった。一つは、憲法を審議作成して、これを議決すること、もう一つは、連合国との間で《講和条約》に調印することであった。臨時行政府と中央監督評議会から権限を委譲されたあと、制憲議会は一九一九年二月六日に初会合を開き、《国家の臨時権力に関する法律》（Geseziiber die vorläufige Reichsgewalt）を作成することを決めた。四日後に投票に付された法案では、将来できる憲法に基づいて選ばれる新たな国家機関が設けられるまでの間、政府をつくらせる任務と、担当大臣の副署を得たうえで政令のたぐいを発する任務を課せられた《共和国大統領》を制憲議会の手で選出するという規定が目玉となっていた。

二月十一日、投票者三七九人のうち二七七人の代議員によって共和国大統領として信認されたフリードリヒ・エーベルトは、社会民主党の仲間たちに、政府をつくるよう依頼した。社会民主党の面々はまず手始めに、いまは独立社会民主党のなかにいるかつての同志たちに連立を提案した。その条件としては、《いっさいの反乱の動きを排除して、民衆の多数の意思ですべてを決める》議会制民主主義を基礎とすることが示されていた。これは独立社会民主党にとっては受け入れがたい条件であって、独立社会民主党はこれにこう答えた。「力によって得られた権力が優位を占める限り、そしてまた有産階級と軍部の独裁に反対する革命の結果得られた民主主義、社会主義的な諸権利を守っていくという決議を《政府の構成員のすべて》が明確に認めない限り、いっさい協力することはできない」と。これを聞いた社会民主党の責任者たちは、将来とるべき政治路線をあえて明らかにせずに、中道諸政党（ドイツ民主党および中央党）に《ヴァイマル連合》の結成を呼びかけるに至った。連合結成の条件は、次の三点であった。

国家形態は共和制とすることを承認する。

有産階級からの収奪を目的とする租税政策をとる。

しかるべき企業群を公有化する。

注目すべきことに、この三点のうちの最後の企業公有化については、臨時政府の構成員たちが考えもしなかったことであったにもかかわらず、中道派に属する政権参加者たちの間からはこれに反対する意見はまったく聞かれなかった。それというのも中道派の政治家たちも、自分たちを支持してくれている選挙民が大資本にはまったく同情をいだいておらず、むしろ企業公有化には賛成であることを熟知していたからであった。

フィリップ・シャイデマンを首班に、二月十二日に組閣された内閣は、それでもそれまで存続していた臨時行政府を引き継ぐ形で発足した。一四人の閣僚のうち七人が多数派社会民主党出身で、そのうち元人民委員だったランツベルク、ノスケ、ヴィセルの三人が、それぞれ法相、国防相、経済相に任ぜられていた。新政府のなかではただ一つだけ、それまでとは変わった点が目についた。それはブルジョワ諸政党出身者のなかで、かつて要職を占めていた何人かが、他とはまったく別格の大臣になっていたことである。たとえば中央党の二人の代表のうちのひとりで、一九一七年の対ロシア講和決議の起草者でもあり、かつロシアとの休戦交渉を成功させた実績を持つマティーアス・エルツベルガーが、無任所相として講和条約締結の任を帯びていた。またドイツ民主党の二人の代表のうちのひとりで法律家だったフーゴ・プロイス（一八六〇～一九二五年）は、内相として、憲法草案起草の仕事を引きつづき行なわなければならなかった。もうひとり、無所属の職業外交官だったウルリヒ・ブロックドルフ＝ランツァウ（一八七九～一九二八年）も閣僚のひとりとして、外務省関係のそれまでの仕事をつづけることになっていた。制憲議会には三七人の婦人がおり、これは代議士総数の九パーセント強に相当する数（その当時、英国議会の婦人代議士の比率は二・四パーセント、アメリカ議会は一・一パーセント、フランス議会はゼロだった）であったが、にもかかわらず、政府に入閣を求められた婦人はひとりもいなかった。制憲議会のあとにつづく十八代の内閣は、共和制の終焉まで、一内閣平均八か月半の寿命であったが、そのうちのいずれにも婦人が閣僚として登用されることはなかった。この婦人代議士という名の《存在としての少数派》は、目的を持った共同体でもなければ、特異な構成をもなしていなかったところから、新生ドイツの建設に有効に参加するチャンスを与えられていなかったという点では、人種的、文化的少数派と変わるところがなかったのである。

婦人代議士とは異なって、以前から存在する各地方の政治権力は、ドイツの旧各州を代表する《州委員会》（Staatenausschu）のなかで統一行動をとっていたので、新生ドイツの建設に一役買うことができた。

Ⅱ　人民国家と地方国家

旧各州が〈中央集権的な単一の州〉(Volksstaat) なる制度を維持していく特権を捨てる気のないことは、一九一八年十一月二十五日〈ドイツ各州全国会議〉(Reichskonferez der deutshen Staaten) がベルリンで開かれた際に、すでに明らかになっていた。この会議が一九一九年一月二十五、二十六の両日、同じくベルリンで開かれた際に、臨時行政府は、各州のこうした異議申し立てをなだめようと試みたが、むだであった。それゆえフーゴ・プロイスにとっては、おのれの統一をめざす考え方に齟齬をきたさないようにするためにも、憲法草案の内容を連邦制を指向するものに軌道修正する必要が生じたのである。こうして妥協の産物として、憲法第一条に「ドイツ国家は共和国とする」と規定されたのであるが、この規定の意味するところは〈新しい国家を創設するのではなく、現存する国家に新たな衣を着せる〉というものであった。一ブルジョワ政党の賛同を得ながら統一国家という形態を維持しようとの配慮から、起草者であるプロイスは、条文のなかに誤解を招く危険のある、あいまいな表現を盛り込んだが、その条文によると、新しい共和国は、一八七〇年にビスマルクの手で創設されたドイツ帝国の、なんらかの意味での変身であるように見えてくるというのがドイツ民主党筋の指摘であった。このようにして成立したドイツ共和国は、エドモン・ヴェルメーユの言葉を借りれば、人民国家ともいうべきものであって、この人民国家は、州委員会の主張をある程度取り入れた結果、ヴィルヘルム時代の二五州を引き継ぐ形での一七の州の連合体にほかならなかった。

フーゴ・プロイスは巨大すぎる存在のプロイセン州をドイツ国家の一構成要素として組み入れるために、これを解体すべきであると考えていたが、とりあえずの措置として、プロイセン州の優位性を減殺するために、州内の各地方に従来以上に大幅な自治権を与えるとともに、州の代表を送り込める機関を〈州評議会〉(Reichsrat)だけに限定する手を打った。州評議会は、各州の住民の良識を前提として各州を代表していたので、どの州も五分の二以上の投票権は持っておらず、したがって州評議会そのものも憲法に関するある種の問題についての発言権を持っているだけで、そのほかでは国民議会(Reichstag)が制定した法律に拒否権を発動する権利が与えられているにすぎなかった。そのうえ各州は、それぞれ州議会(Landtag)を置いて、普通選挙を実施し、かつ議会制を実行すること、内閣と行政機関を置くことなどを規定した共和制の州憲法を持っていなければならなかった(第一七条)。各州の権限は、当該地域の社会、経済の分野にまで及んだばかりでなく、各州は一般教育、宗教教育をも含む信仰の部門にまで口出しすることを許されていた。それに反し、金融に関する権限は連邦政府と共有することとなっており、連邦政府の権利のほうが州の権利よりも優先すると定められていた(《Reichsrecht bricht Landrecht》第一三条)。

これと同じような妥協の産物として、新憲法はビスマルクの連邦国家(Bundesstaat)を排して、その代わりに人民国家の形をとるために、連邦と州とを併存させると規定していた。憲法のなかで、最も大切なことに関して充分な定義がなされていなかったことが、のちに時が来ると〈人民〉という概念を口実に、法に定められた共和制から民族社会主義(ナチ)流の独裁制への移行を容易にする結果となるのである。

長い時間をかけてのさまざまの裏取引と、数々の文言修正のあげく、五番目の憲法草案は一九一九年七月三十一日、ヴァイマル連合側(社会民主党、ドイツ民主党、中央党)代議士二六二人の賛成で採択された。

この草案に反対票を投じたのは、独立社会民主党と、右翼の代議士の過半数の合計七五人で、これら反対派のすべてが、《新しい体制》から即座にはみ出す運命におかれている者ばかりであった。そのうちの独立社会民主党の大部分は、一九二〇年十二月、共産党（ＫＰＤ）に合流することとなる。右翼の代議士たちのほうは、この草案を《非ドイツ的》（undeutsch）な産物で、戦勝国とその手先であるフーゴ・プロイスの手で輸入された一種の民主主義であるとみなし、こんな憲法ではドイツ国民を拘束することはできないと考えていた。この憲法草案に賛成票を投じた三党のなかでも、さまざまな批判が噴出する結果となった。そのうちの一部の代議士は、新憲法の性格が法的なものでありすぎる結果、数々の重大な矛盾が放置されたまま残されており、とくに大統領と議会とが対立する可能性があることを懸念していた。新憲法第四八条で、大統領に政令を介して統治する権利があると規定されていることが、民主主義にとって危険であるというのが、その論拠であった。もう一つの批判は、新憲法では中央集権制が不充分で、とくに経済、財政の分野での不充分さが目立つというもので、この点については、一方で、各州の歴史的、倫理的優位性が否定されているとの〈連邦主義者〉からの反論もあった。連邦主義者たちは、結局、一種の妥協を受け入れることとなるが、その大きな理由は、伝統的に自主独立主義の本拠であるバイエルンが、当時、独立した共和国として、新生ドイツのなかに含まれていなかったからであった。バイエルンの首相クルト・アイスナーが暗殺されてから、バイエルンは政治的混乱に悩まされていたのだが、のちにバイエルン共和国が解体されると、連邦主義者たちは、いったん受け入れた妥協をふたたび持ち出して、これに異議を唱えたりもするのである。

Ⅲ　バイエルン自由共和国と労働者評議会の消滅

一九一八年十一月八日に宣言されたバイエルン自由共和国では、成立以来、革命を志向する諸勢力や、エーリヒ・ミューザーム、エルンスト・トラー、グスタフ・ランダウアーといった無政府主義的知識人、それにドイツ国内のほかの諸州に存在する落ちこぼれ的な社会諸集団からの支持があったので、クルト・アイスナー（独立社会民主党）を首班とする連立政府の統一はうまく保たれていた。そんなわけで、労働者および兵士の側には、〝農民同盟〟（Bauernbund）や、カトリック教の女性信者たちの協力を得た女権論者のアニータ・アウクスプルク（一八五七～一九四三年）、リーダ・グスタファ・ハイマン（一八六八～一九四三年）両人により指導されている社会主義婦人同盟が味方についていたほか、女権論者たちの仲間でもあるゲルトルート・バアール女史（一八九〇～一九八二年）に指導される婦人人権局も同様の立場をとっていた。そのため、中産階級からの圧力によって州政府がほかの諸州と歩調を合わせて州議会の選挙をやらざるをえなくなったときにも、アイスナーはまだ、革命を追求する勢力と、共和制の合法性を主張する勢力との間に、一種の均衡を見出せるものと楽観していた。ところが、アイスナーのこうした期待も、一九一九年一月十二日の選挙の結果、当てにならないことがはっきりしてきた。すなわち、自由共和国議会の議席数一八〇のうち、反動勢力は一〇〇議席をかちとり、そのうちの六六議席が、中央党と盟友関係にある独自の政党、バイエルン人民党（Bayrische Volkspartei,BVP）一党により占められたのに対し、左翼勢力が得た議席数は八〇議席にすぎず、その内訳は社会民主党が六一議席、農民同盟が一六議席で、アイスナーの独立社会民主党はわずかに三議席を得たにすぎなかったのである。アイスナーは、ブルジョワ新聞から中傷キャンペーンの対象とされ、これにはカトリック教会当局も一枚かんでいたのだが、政権そのものの連立にひびがはいることはどうやらまぬかれた。カトリック教会がブルジョワ新聞によるアイスナー攻撃を支持したのは、学校での脱宗教政策に腹をたてていたからであった。いずれにしても、ブルジョワ新聞によるアイスナー攻撃が、バイエルン社会民主党右派に動揺を与えたことは間違いなかった。一九一九年二月二十一日、新しい議会にみずからの政府を解任する議案を提出するために議会の開会式に向かう途中、アイスナーは白昼の路上で二十一歳の革命派の闘士、アルコ・ヴァリー伯に暗殺されてしまった。間髪を入れず、この殺人への報復が労働者評議会の一員であるリンドナーなる人物によってなされることとなる。リンドナーは即座に議会に赴き、議会内で社会民主党出身の大臣、フリードリヒ・アウアーに重傷を負わせる一方、保守系の代議士一人を殺害した（リンドナーはのちに禁固一四年の刑を受けることとなり、アルコ・ヴァリー伯のほうは、いったん死刑の判決を受けるが、のちに新しくできた政府から恩赦とされ、一九二四年に釈放されると、ルフトハンザ航空の子会社の重役になっている）。

パニック状態に陥った議会では、議員がちりぢりになったが、そうした混乱のなかでバイエルン評議会が、ゼネストの実施を決定する一方、アイスナーの葬儀の準備にも取り組んだ。リープクネヒトの場合と同様、一月遅れで行なわれたアイスナーの葬儀には、一〇万人近い群衆が参列した。五月三十一日になってようやくベルリンのラントヴェールカナルで死体が発見されたローザ・ルクセンブルクのほうは、六月十三日になってやっと埋葬される始末であった。ドイツ社会民主党マルクス主義派出身のこの三人が没してからは、社会主義勢力のなかでの革命派と改良主義派との究極的な妥協の可能性は事実上、まったくなくなってしまった。

一九一九年一月の血の粛清があったあと、政府系の武装勢力とノスケを頼りとしている義勇軍とは、いまだに残っている労働者評議会の残党を地方政府から排除する仕事に専念する一方、極左勢力の抵抗を根絶することにも全力をあげた。ベルリンだけを例にとっても、ゼネストのあと、共産党員レーオ・ヨーギシェスを頭目とする二七五人の闘士たちが銃殺されることとなった。一方、ヴァイマル連合についてであるが、こちらも労働者評議会の政治的役割を最終的に排除することに全力をあげていた。ヴァイマルにいる社会民主党の責任者たちは、一九一九年三月二十二、二十三の両日、集会を開き、〈企業評議会〉(Betriebsräte)なる機関を選出して、これにもっぱら労働条件を審議する権能を与えるという趣旨の法律を制定したい旨を明らかにした。こうしてできる審議会の活動には、各地区の労働者評議会(Bezirksarbeiterräte)と全国労働者評議会(Reichsarbeiterrat)の両機関も補完的役割を果たすこととなっており、両機関は、ほかの職能団体と同じ資格で、経済、社会政策の作成に参画することとなる。

これらの諸機関の設置は新憲法の第一六五条に規定されていたが、現実には従来からある労働者委員会(Arbeiter ausschüsse)を近代化した形で復活させたものにほかならなかった。ほどなくこれらの諸機関は労働組合や、社会に存在するさまざまな種類の職業を統合させた全独経済評議会(Reichswirtschaftrat)に支配されることとなるが、全独経済評議会は二義的な諸問題について意見を述べるにすぎなかった。ところでヴァイマル連合の政策綱領のなかで約束されていた企業公有化が、その後どうなったかというと、これも各州に〈企業公有化委員会〉が創設されたほかは、石炭および苛性カリ鉱山で国の統制下に労働者、事務職員、消費者三者同数の管理委員会を設ける基本法を票決しただけであった。農業部門では、法によって耕地一〇パーセント以上を含む一〇〇ヘクタール以上の領地を買い上げて、これを農夫または農業労働者に分配する権限を国は与えられた。ただし、この政策は地主の抵抗に出会わないわけにいかなかった。社会主義への一里塚として計画経済を推進しようとしていた経済相、ルードルフ・ヴィセルは、自分の出身母体（社会民主党）からの支持すら得ることができず、辞任の道を選んだ。ヴィセルの代わりに経済相となったのは、いっさいの計画経済に絶対反対の立場にある社会民主党員であった。

こうして革命の名残りと思われる要素は完全に一掃されたわけだが、このときバイエルンでは、次の革命の波が押し寄せ始めていた。

アイスナーが暗殺されてからほどなく、バイエルンでは、議会と、社会民主党所属のホフマンを首班とする左翼の地方政府との間の力関係には、どうにか均衡がもたらされるようになっていたが、そうした事態に不満をいだく急進派勢力は、南バイエルンにたむろして、すぐ近くにあるハンガリー、オーストリア両国を模倣してバイエルンにも〈評議会共和国（レーテ）〈Räterepublik〉〉を樹立しようと画策していた。おもしろいことに、この連中の大半が社会民主党に所属する人物であった。生前のアイスナーが思い描いていたような自由な共和国が、バイエルンの大衆の願いにかなったものであることは事実であるにしても、議会を廃し、私有財産を否定して、ドイツ国内のほかの州との協力をいっさい排するといった性格の評議会共和国なるものができたとすれば、それはドイツの中央政府からの干渉を誘発するばかりでなく、農民および中産階級全体の主張とまったく対立する存在となることも充分に予想された。共産党、独立社会民主党、それにバイエルン社会民主党の一派が警戒体制にあったにもかかわらず、一九一九年四月七日、バイエルン地方政府国防相、シュナペンホルストは、仲間と共謀して、ミュンヘンおよびバイエルン内の主要都市（ニュルンベルクを除く）に評議会共和制（レーテ）を設けることに決めた。ホフマンを首班とする政府はバンベルクに避難し、この地で政権奪回をはかって反徒の手に落ちた諸都市に食糧品の封鎖をかける一方、志願兵から成る武装部隊を組織するという手を打った。ときあたかも中央政府が急派してきた義勇軍がこれに加わったので、武装部隊の兵力はふくらむ結果となった。ベルリンでも左右両勢力の衝突のときと同じような流血の惨事が予想される事態のなかで、共産党および独立社会民主党の指導者たちは、以前には禁止していた行動を、こんどは支持すると呼びかけた。四月十三日には、ユジェーヌ・レヴィネという人物の指導下に、各工場の代表が、一五人の委員で構成される委員会を作った。レヴィネはロシア生まれの共産党員で、この年の二月にベルリンからやって来た男だった。その間に四月二十二日には、ミュンヘン駐屯軍司令官に任命されていたエーゲルホーファーなる海軍軍人が、一万五〇〇〇人の武装した労働者から成る兵力を閲兵している。食糧封鎖と資金不足にけりをつけるために、食糧が供給され、銀行はつぎつぎと国有化された。しかし、緒戦でこそ幾度か軍事的勝利をおさめたものの、やがてエーゲルホーファー指揮下の軍隊は守勢に立たされるようになった。四月二十三日、アウクスブルクが正統政府側の手に落ちた。外部からの脅威を受けて、ミュンヘンに設けられていた評議会共和国は分裂の憂き目を見ることとなった。まず共産党が政府から追放され、そのあとに、無政府主義的知識人と独立社会民主党を中核とする多数派が形成されたのである。四月三十日にはミュンヘンが攻囲された。その翌日、ミュンヘンは政府軍に奪回されるが、その際、民間人の人質一〇人が反徒らの手で処刑されたのを口実として、政府軍は反徒に対し容赦のない弾圧を加えた。その場で捕えられた数千数百の人びと（そのなかには作家グスタフ・ランダウアーもいたし、スパルタクス団員に間違えられたカトリック教の見習神父二〇人も含まれていた）は、有無をいわせず撲殺された。その後に捕えられた五〇〇人近い革命派の人びとは、特設法廷にひきずり出された。レヴィネは死刑をいい渡されて、六月五日に処刑され、著述家エーリヒ・ミューザーム、エルンスト・トラーの両人は、それぞれ強制労働一五年と五年の刑を宣告された。五月の最後の数日間にノスケと軍参謀本部だけの力ではあったが、ともかく秩序が回復されたので、ホフマンはミュンヘンに戻ることを許され、ミュンヘンに置かれている議会から、ヴァイマル連合の趣旨にそった新たな州政府を組織するよう委任された。

一九一九年も六月に入ると、共和制の合法性は回復されたかのように見えた。しかし真の権力は、またも軍に完全に握られた。有産階級の人びとの目からすれば、君主制の理想をそのまま受け継いだ軍の存在こそが、秩序と安全の保証だったのである。

Ⅳ　ヴェルサイユ条約とその影響

1　条約の作成と受諾

国内に秩序を保つ必要は以前からあったが、一九一八年十月以後は、共和制政権にそれまで以上に強く秩序維持が求められるようになった。それと並行してドイツ国内では《勝者の命令》と見なされている講和条約を受け入れたことによる屈辱感が民衆の大部分をとらえていた。こうした屈辱感が国民の心をとらえている現象を国家主義者たちは最大限に利用したが、そもそもこのような屈辱感の原因はどこにあったかというと、それは条約作成の過程での討議に、ドイツ側の参加がいっさい許されていなかったことに起因していた。ところが、実はこの条約は、作成を正式に依頼された連合国側二七か国がつくったものでもなく、二七か国は一九一九年五月六日、すなわちドイツ代表が召喚される前日に、やっとその内容を知らされたにすぎなかった。それではこの条約はどうしてできたかというと、この条約草案は、実は〈四か国理事会〉（イタリアのオルランドが脱退してからは三か国）の内部で展開された露骨な駆け引きの産物にほかならなかった。三か国の代表とは、アメリカのウッドロウ・ウィルソン、イギリスのロイド・ジョージ、フランスのジョルジュ・クレマンソーであった。

クレマンソーはドイツ代表に対し「いまこそ清算すべき時が到来した」と告げて、おざなりの手順で条約草案を手渡し、終始、冷ややかな態度を崩さなかったが、にもかかわらず、ドイツ側には、文書による最終的な意見書を作成するための三週間の猶予期間が与えられていた。祖国の名で、即座に条約草案に反対であるとの態度を表明したドイツ外相ブロックドルフ＝ランツァウ伯は、それでも二〇箇条の意見書を作成し、そのなかで戦争責任（Kriegsschuld）がドイツにだけ一方的に押しつけられていること、〈賠償〉の名目で経済的、財政的負担が課されるはずとなっていることの二点について異議を唱えるとともに、将来できるはずの国際連盟の構成内容にも反対である旨を明らかにした。ドイツ代表は一方で、反対提案をし、アルザス＝ロレーヌおよびドイツ系少数民族が住んでいる中欧、東南欧でも住民投票を実施すること、ダンツィヒ、メーメル、ケーニヒスベルクの各都市での自由港の新設、賠償額の一〇〇〇億金・マルクの上限設定などを申し入れた。

ドイツ国内では、条約の内容が、文字通り嵐を呼ぶこととなった。独立社会民主党を除くすべての政党、各界の指導者たちがこぞって、この条約は受諾不可能であるとして、国民と各州に抗議に立ち上がるよう呼びかけた。条約に署名するのをきらったフィリップ・シャイデマンは、六月二十日、内閣総辞職を申し出た。エーベルト大統領も、軍隊をドイツ領土に進駐させるとの連合国側の脅しにあって、その地位にとどまることにいや気がさしていた。結局、エーベルト大統領は社会民主党のグスタフ・バウアーに、社会民主党と中央党だけで構成される新政府を組織するよう要請した。このとき民主党が排除されたのは、条約の署名に参加するのを拒んでいたからであった。六月二十二、二十三の両日、国民議会は政府が条約に署名するのを認めたが、ただし、ドイツだけに戦争責任を押しつけている条項、戦争犯罪人の引き渡しを規定している条項など《屈辱的な条項》は受け入れがたいとの条件付きであった。このときの票決では、政府が署名するのを認めるもの二三七票（独立社会民主党、社会民主党、中央党）、これを否とするもの一三八票（ドイツ民主党、ドイツ人民党、ドイツ国家人民党）で、ほかに四〇票ほどの棄権、無効票があった。条約調印は一九一九年六月二十八日、ヴェルサイユ宮殿の鏡の間で行なわれた。

2 条約の条項とその実施方法

条約の原文は、一五部四四〇箇条から成っていた。第一部（一～二六条）は国際連盟に関する規定で、そのなかではドイツ、《ロシア系諸国》、カトリックの法王庁の三者は、国際連盟の創設国から除外されていた。第二部および第三部（第二七～一一七条）では、ドイツの新しい国境が定められていた。第四部では、ドイツからすべての植民地を剥奪し、これを国際連盟の委任のもとに連合国の統治にゆだねる旨が記されていた。第五条はドイツの軍備に関する限定条項であった。第六部には、一九一八年三月三日にドイツがソヴィエト・ロシアに押し付ける形で調印していた〈ブレスト＝リトフスク条約〉を無効とする規定が盛り込まれていた。第七部は、ドイツ皇帝と、連合国側が指名する戦争犯罪人の身柄を引き渡す義務をドイツに課する内容のものであった。第八部は、ドイツ皇帝および戦争犯罪人の身柄引き渡しを定めた条項と並んで最も論争を呼んだ第二三一条に関連した部分で、その内容は、戦争責任と、それに伴う連合国列強とその同調国、これら各国の国籍保有者がこうむった損失および損害に対する賠償支払い義務を定めたものであった。こうした賠償支払いを円滑に進めるために〈賠償委員会〉が五大国およびベルギー、セルビアの各国によって構成されることも定められていた。

領土条項では、国土の一〇パーセントが剝奪されてドイツの国土は爾後、四七万平方キロとなると規定されており、住民についても六五〇万人、一九一四年の人口の一〇分の一がドイツへの帰属を解かれることとなっていた。国土の西方にあるアルザス＝ロレーヌ地方はドイツから取り上げられ、住民投票なしでフランスに返還される一方、この地方を追われた一四万人の住民をドイツは自国民として受け入れなければならなかった。ザール地方は一五年間、国際連盟の統治下に置かれることとなったが、ただしフランスは、ノール県の炭坑がドイツ軍に破壊されたのを埋め合わせるという口実で、この地方の炭田の所有権を手に入れた。ベルギーでは、オイペン、マルメディ、モレスネの各郡をドイツは放棄しなければならなくなったが、これは一九二〇年七月二十四日の住民投票の結果、制裁措置としてドイツに課されたものであった。

北方では、一八六四年にビスマルクによりドイツ領に編入されたシュレースヴィヒの北の部分は、デンマークに割譲された。ただし、この地方の南の部分は、三月十四日の住民投票で八〇パーセントがドイツへの帰属を望んだ結果、ドイツはフレンスブルク地方を自国国土として保持することができた。もっと厄介だったのがドイツの東部国境の策定で、その結果は激しい異議申し立てにさらされたばかりか、のちのちまで尾をひく紛争の種となるのである。ウィルソン大統領が、戦後のポーランドは海岸線を持った独立国として再生すべきであると明言していたいきさつもあり、ドイツは、一七七二年に自国に併合されたポズナニ地方を住民投票なしでポーランドに返還すべきであると連合国は主張した。それには、この地方の住民二五〇万人のうち、三分の二がポーランド文化を背景としているという理由もあった。ドイツはそのほか、住民の六〇パーセントがドイツ語を話す西プロイセンをも割譲しなければならなかった。ダンツィヒと、住民の九五パーセントまでがドイツ人だったその郊外は自由市とされたが、現実にはポーランドと結びついた存在となった。かの有名なダンツィヒの《回廊》は、このとき以後、ゾルダウとメーメルを取り除いた東プロイセンと、ドイツ国土のほかの部分とを切り離す役割を果たすこととなった。鉄鉱石と石炭の鉱床が豊富な地域である上シュレージエン地方についていうならば、この地方はドイツの義勇軍と、人口の約半分を占めるポーランド人との激突の場となっていた。一九二〇年一月以後、この地方には連合国の軍隊が駐留することとなったが、それだけでは事態を鎮静化するには充分でなかった。一九二一年三月二十日の住民投票でドイツ側は六二パーセントの賛成票を得たものの、ポーランド側も黙ってはおらず、この地方を分割、割譲するようドイツ側に強く迫るという一幕もあった。結局、ドイツは七五二二平方キロメートルの領土と一〇〇万人強の人口を確保することができ、ポーランドは三二一四平方キロの領土と九〇万人の住民をドイツに割譲させることで満足せざるをえなかった。ただしポーランドは、この地方にある炭鉱の半分と、石炭、鋳鉄、鉄鋼の生産設備の四分の三をわが物とすることができた。

軍事条項は、フランスの強い要請と、ドイツの軍事力を壊滅させようと考える英米両国の思惑との妥協の産物であった。クレマンソーは、ラインラントを独立した自治国家とする案を撤回せざるをえなかったが、一方の英米両国のほうも〈ラインラントの期限付き占領〉と、この地域を〈永久に非武装化する〉という原則を受け入れるほかなかった。その結果、フランス、ベルギー、イギリス、アメリカ各国の軍隊がライン川の左岸地域と、ケルン、コーブレンツ、マインツ、ケールといった橋頭堡となる地点を占領し、ドイツが条約の条項を実行に移していくのに合わせて五年ないし一五年をかけて占領軍は撤退していくことが取り決められた。その間、フランスの閣僚経験者ポール・ティラールを議長とする〈連合国高等委員会〉がコーブレンツに設けられ、これがラインラント地域のドイツ側行政機関と、一五万人にのぼる占領軍の管理の任に当たった。全般的な軍縮に先立って、連合国はドイツに対し、軍事資材の全面的引き渡し、徴兵制の廃止、大本営の解体を強要した。ドイツの兵力は一〇万人に削減され、それも国内の秩序を維持するための軍隊として、一二年の兵役を前提とした志願兵から成るものとされ、重兵器の装備は許されなかった。ドイツは兵器類の製造も禁止された。士官学校は一校だけが設置を許されていた。海軍に関しては、イギリスがドイツ艦隊の引き渡しを要求していたが、ドイツ艦隊は一九一九年一月二十一日に早々と、とりことなっていたスキャパ・フロウ（スコットランド北方の海域）で自沈する道を選んだ。

賠償問題に関しては、連合国の足並みがそろわなかったので、ドイツが支払うべき金額を一九二一年五月までに決めるために、委員会が設置されることとなった。それまでのつなぎとして、ドイツ政府は保証金の名目で二〇〇億金・マルクに相当する金品の引き渡しをし、かつ占領地で略奪した金品を返還しなければならなかった。

戦争犯罪人の身柄引き渡しに関しては、ドイツ側は自国内で戦争犯罪人の裁判をすると約束したので、連合国側は犯人引き渡しをあきらめるというドイツに有利な結末をみた。ただし裁判が実際に行なわれることは、絶えてなかった。

戦勝国相互間の利害調整がむずかしいままに作られたこの条約は、敗戦国の状況や、敗戦国の民衆の精神状態への配慮が充分でなかったことも手伝って、ドイツ国家主義の台頭を促し、歴史の浅い共和制の基盤を浸食したばかりでなく、二〇年後に、世界を血の海にする戦争の芽を育む結果となるのである。

3　軍の反乱とカップ一揆

国土の東方の広い地域に駐屯して、この地方をボルシェヴィズム勢力の侵略から守ることを任務としていた武装兵力と義勇軍は、この地から撤収して、一九二一年一月一日までに、一九一九年三月六日の法律で創設された臨時の国軍のなかに合流するよう求める連合国側の決定と、同じ趣旨のドイツ政府の命令とに、ともに反対していくことを当面の方針としていた。これらの軍勢が反対していたもう一つの対象が、ほかならぬドイツの「国旗」であった。新憲法は、帝政時代の黒白赤の国旗を廃して、一八四八年の自由革命時に使われた黒赤金の旗を新たな国旗とすると定めていたが、軍最高司令部は相変わらず帝政時代の国旗を建物という建物にひるがえさせ、兵士全員が共和制の国旗への宣誓を拒否する連隊までが続出した。服従と政治的中立をあれほど誇りにしていた軍のなかでさえ全員が政府の命令に異議を唱え、陰謀をめぐらしたり、社会民主党議員たちや中央党出身の大臣、マティーアス・エルツベルガーを公然と攻撃したりもした。《不名誉な平和》に最も責任のある人物とみなされていたエルツベルガーは、中央政府の大蔵大臣になっていたものの、公金不正取引の疑いもあって、帝国時代の前任者であるカール・ヘルフェリヒから告発され、一九二〇年一月十九日には名誉毀損の裁判で相手と対決せざるをえない羽目におちいった。裁判進行中、人員削減措置の犠牲となって軍を解雇された一見習士官がエルツベルガーを殺害しようと企て、結局、胸に傷を負わせるという事件も起きている。裁判では、何件かの金融上の不手際が明るみに出たこと、帝政時代のしがらみを持つ保守的な裁判官が大多数を占める当時の裁判所の反感を買ったことなどから、エルツベルガーは不利な立場に追い込まれた。結局、三月十二日の判決で、ヘルフェリヒは、わずか三〇〇マルクの罰金刑をいい渡されただけであった。エルツベルガーのほうは、大臣の地位を棒に振ったばかりでなく、民衆の信用を著しく失った結果、そうでなくても批判の対象となっている共和制そのものの存在が危ぶまれる事態となった。結局、エルツベルガーは一九二一年八月二十六日、反対派の手で殺害されるに至った。

配下の部隊がつぎつぎと解散を余儀なくされたことに軍部はかねて不満をいだいていたが、おりからの裁判で共和派が敗北を喫したのをきっかけに、一九二〇年三月十三日の夜、あの〈カップ＝リュトヴィッツ一揆〉が起きるのである。

ヴォルフガング・カップはプロイセンの高級官吏で、一九一七年にティルピッツ提督と組んで国家主義的な政党を創設した人物であり、早くからベルリン駐屯軍司令官を主要任務とするフォン・リュトヴィッツ将軍と接触を保っていた。そのリュトヴィッツ将軍のほうは、そのころすでに兜に鍵十字を付けているというほどの最も過激な武装集団である〈エールハルト軍団〉を解散せよとの命令を拒んだという理由で三月十一日に政府により、その職を解任された。その翌日、カップおよび最も活動的な将校たちを逮捕せよとの命令書が出された。その日午後、エールハルト海軍少佐麾下の六〇〇〇人がデーベリッツの兵営をあとにしてベルリンに向かって行進を始めた。ノスケは将軍たちを集めたが、そのうちのひとり、ラインハルト将軍だけが共和制を守るためにノスケの要請を聞き入れることとなった。国軍がどのような態度をとるかを問われた国軍統帥部（Truppenamt）総監、ハンス・フォン・ゼークトは、なによりも軍の統一確保を最優先に考えていたので、事もなげにこう答えた。「国軍が国軍に発砲することはできない」と。十三日の朝、政府はいったんドレースデンに疎開し、そのあとシュトゥットガルトにのがれた。この日六時に、反徒らはブランデンブルク門の所まで到達していた。ルーデンドルフ将軍は、首相官邸に陣取っていた。このような状況のなかで軍の将校らは、合法的な共和制政府に忠誠を誓うかどうかについて意見が分かれていた。そのうえ、左翼諸政党（ドイツ共産党と労働組合も、これに加担していた）あげての支援のもとにゼネストが決行され、さらにブルジョワ諸政党が日和見的態度をとったので、結局、一揆参加者たちは孤立するほかなかった。活動資金の枯渇（中央銀行であるライヒスバンクは一〇〇〇万マルクの資金供与を拒んだ）に加え、印刷工のストライキで宣伝手段もなくなったことから、カップは四日間もちこたえたあげく、反乱をあきらめ、スウェーデンに逃亡してしまった。

一揆は短期間に終わったが、この事件のもつ意味はけっして小さくはなかった。ベルリン市内のあちこちで、義勇軍がまごうことなき大量殺人を実行に移していた。ドイツ国内のほかの諸都市、すなわちザクセン、チューリンゲン、ルール地方の諸都市でも戦闘が展開され、それに伴って放火、略奪、強姦等も見られ、結局、三〇〇人近い死者が出る結果となった。バイエルンではクーデタが起こって、ホフマン内閣が倒れ、代わってグスタフ・フォン・カールを首班とする内閣が登場した。この新内閣は右翼の支持を得ており、以後、極右に属するすべての陰謀家がこの政府から避難場所を提供されることとなるのである。

ベルリンに戻った連邦政府は、急ぎ労働者たちを武装解除させ、ストライキを終息させたばかりでなく、クーデタに参加した下級軍人を赦免する手を打ったりもした。恩赦は五か月後に完了したが、ただ、ベルリン警視総監フォン・ヤーゴだけは有罪とされた。一九二四年に釈放されたフォン・ヤーゴは、裁判を起こして、服役期間中の退職金を政府に追加支出させるとの条件をかちとった。リュトヴィッツ将軍は定年を切り上げて退任するよう求められただけで済み、その後任にゼークト将軍が充てられた。ゼークト将軍はそのほか、かねて辞意を表明していたラインハルト将軍に代わって、一九二〇年三月二十六日にはドイツ軍統帥部総監（Heeresleitung）にも任命された。ラインハルト将軍の辞任はエーベルト大統領に拒否されたが、それは共和制に忠誠を尽くす態度を変えていないカッセルの武装兵力を指揮するよう、エーベルト大統領がラインハルト将軍にたのんでいたからでもあった。その間のいきさつについては、F・L・カーステンが次のように記している。「武器を用いてでも共和制を守ろうとはらを決めているただひとりの将軍がその職を解かれ、そのあとに、共和制を守ることなど真っぴらだといっていた将軍がすわった」（『ドイツ国軍と政治――一九一八～一九三三年』オクスフォード、一九六六年）。こうした試練のなかで、帝政時代からの軍隊は、またもその優位性を確信する機会を得た。というのは、それまで共和制の基盤確立に功労のあったグスタフ・ノスケが、軍の高級将校連に抵抗することができなくなり、信用をすっかり失って、社会民主党や労働組合の仲間から国防相の椅子を民主党代議士オットー・ゲスラーに譲るよう強要されるような状態だったからである。

共和制を支える諸政党が民衆の間で信用を失っていることは、一九二〇年六月六日の第一回総選挙のときに、すでに明らかになっていた。ヴァイマル連合が惨敗したのは、ヴェルサイユ条約の内容のせいであった。一八か月の間に、社会民主党はその投票者（五五〇万人）の半数近くを失ったが、そのうちの一部は独立社会民主党に流れ、その結果、独立社会民主党は投票者の数を二倍（五〇〇万人）にふやした。ただこの独立社会民主党に流れた票は、ほどなく、こんどは反体制派の共産党を支持する票に変わるのである。中央党も、一〇〇万票を右翼諸政党に奪われた結果、右翼諸政党は制憲議会選挙のときにくらべ、得票数、議席数とも倍増させることとなった。力を失った社会民主党は、何とかして独立社会民主党の支持をとりつけることによって政府を組閣しようとしたが、独立社会民主党は頑としてこれに応じようとしなかった。六月二十六日に中央党のフェーレンバハの手で組閣された内閣は、一九一八年十一月以来、初めてブルジョワ政党（ドイツ民主党、中央党、ドイツ人民党）の党員だけで構成された内閣であったが、国の経済事情が思わしくなかったところから、議会内では社会民主党の協力を得ないわけにはいかなかった。制憲議会により選ばれた共和国大統領の任期も、同じ理由から一九二五年まで延長することが法律で決められた。普通選挙による大統領選挙は、当初、一九二〇年に実施されることとなっていたのである。

第三章　脆弱な経済

I　戦争による傷跡

エルザス＝ロートリンゲン（アルザス＝ロレーヌ）、シュレージエン、シュレースヴィヒ北部といった工業部門や農業部門で資源豊かな地方を割譲せざるをえなくなったことから、新生ドイツは、農業生産の一〇パーセントから一五パーセント、鉄鉱石の七五パーセント、鋳鉄の三〇パーセント、鉄鉱および石炭生産の二五パーセントをそれぞれ失う羽目におちいった。損失はそれだけにとどまらず、そのほかドイツが戦勝国に引き渡さなければならなかったものに、輸送用機材（機関車五〇〇〇両、貨車一万五〇〇〇両、トラック五〇〇〇台、商船隊の大部分、漁船の二五パーセント、川舟の二〇パーセント）と石炭（ザール産の石炭をフランスに、合計二四〇〇万トンの石炭をベルギー、イタリア両国に）があった。

このようにドイツのこうむった損害は大きかったので、貿易収支の赤字はいっそう拡大せざるをえなかった。食料品や原材料の輸入をもっと増やす必要があったし、商船隊の不足から運賃の支払いもばかにならなかった。人的損失も無視できなかった（戦死した兵士二〇〇万人のほかに民間人の死者もあり、一九一四年から一九一八年までの人口減もあった）。敗戦による領土の喪失と六〇〇万人の人口減のほかに、戦時下に〈産業の総動員〉が行なわれた結果、資材の消耗はいちじるしく、鉱工業生産は低下

（石炭一二パーセント、鉄鉱一九パーセント、鋳鉄三〇パーセントの各減）し、家畜類の総数も三分の一に減っていた。国際収支の悪化から、恒常的なインフレーションが引き起こされたばかりでなく、貨幣価値の下落は、一九一八年中にすでに金に対するマルクの平価が五〇パーセントに下がっていたほどであった。

こうした事態に加えて、賠償として一九二一年までに現金で一〇億マルク、現物で五〇億マルクを支払わなくてはならぬことが負担として大きくのしかかっていた。ドイツが、現金での賠償支払いを免除してくれるよう求め、ついで一九二四年までの支払い猶予を求めたのは、自国の負担を三年間に二三〇億マルクにのぼると見積もっていたからであるが、一方の連合国側はこれを八二億マルク程度と見込んでいるにすぎなかった。いずれにしても、賠償支払いの負担が経済再建の足を引っ張っていたことは間違いないが、しかしそれとても、戦時下のドイツの軍事支出にくらべれば一〇分の一程度の額にすぎず、一九二三年のあの大恐慌を招いた主因は、戦時中の軍事支出が膨大な額にのぼっていたことにあった。特別財産税の新設によって八〇億金・マルクの税収増がもたらされたほか、一般の増税が行なわれ、強制借り入れ制も実行に移され始めたが、それにもかかわらず、ドイツ連邦の予算は、一九一九年から一九二三年にかけて、三一〇億マルクの赤字となった。一九二二年から一九二三年かけてドイツの通貨価値が破局的な下落をみたのは、そこに原因があったのである。

一九二一年から一九二三年までのドルの対マルク相場

一九二一年一月	一ドル	七六・七マルク
一九二二年一月	一ドル	一九一・八マルク
一九二二年七月	一ドル	四九三・二マルク
一九二三年一月（ルール地方占領と消極的抵抗のあった時期）	一ドル	一万七七九二・〇マルク
一九二三年七月	一ドル	三五万三四一〇・〇マルク
一九二三年八月	一ドル	四六二万〇四五五・〇マルク
一九二三年九月	一ドル	九八八六万〇〇〇〇・〇マルク
一九二三年十月	一ドル	二五二億六〇二〇万八〇〇〇・〇マルク
一九二三年十一月十五日	一ドル	四兆二五〇〇億〇〇〇〇万〇〇〇〇・〇マルク

産業家たちは、銀行からの信用供与を無制限に享受しながら、まだ産業の近代化による成果が現われないうちに、膨大な量の紙幣、手形、株式等を市場に流通させる策をとった。それだけにとどまらず、産業家たちのなかには、マルク貨の下落を見込んで積極的に投機的な動きをする者もいて、それが一九二三年以前のマルク貨の相場下落に拍車をかけた。それにしてもドイツを破産に追い込んだ決定的な要因は何かとなると、それは「消極的抵抗」と呼ばれるもの、すなわちフランス＝ベルギー連合軍によるルール地方占領に抗議して、ドイツ政府が生産停止を命じた出来事であった。

1　ルール占領と消極的抵抗

ドイツが賠償支払いの延期を求めてきたのに対して、フランス首相ポアンカレはルール地方を占領する決定を下したが、これがドイツ国内のインフレーションを高進させ、経済再建を頓挫させただけでなく、あらゆる立場のラインラント分離主義者と極左の連中をめざめさせる役割を果たした。一九二二年六月に、ドイツ外相ヴァルター・ラーテナウがエールハルト軍団の配下の手で暗殺されたが、そのラーテナウの手で作成されていたヴェルサイユ条約の経済条項（Erfüllungspolitik）は、しばらくの間、実行に移されていた。そのあと一九二二年十一月に、ブルジョワ政党だけの連合による共和制第七代の内閣が発足した。無所属ながらドイツ最大の海運会社（ハンブルク＝アメリカ汽船）の社長でもあるヴィルヘルム・クーノを首班とするこの内閣は、連合国間相互の意見の分裂を当て込んで、抵抗政策（Widerstandspolitik）の道を選ぶことに方針を決めた。その思惑通り、イギリス、イタリアの両国は、ルール地方の開発権没収、ドイツの租税収入差し押えなどを含むドイツ制裁策を主張するフランス首相ポアンカレに同調する気配を見せなかった。イギリスの反対があったにもかかわらず、一九二三年一月九日、ポアンカレは賠償責任委員会に、ドイツの賠償支払いがとどこおっている事実を確認させる挙に出た。翌日、フランス、ベルギー両国はドイツ政府に、両国がルール地方に〈工場・鉱山監督委員会〉（MICUM）なる機関を即座に設ける意向であるとを伝え、この委員会の安全は軍隊によって保障させる旨を通告した。こうして一月十一日以後、六万人の兵力がこの地方の主要地点に駐留することとなったのである。これに対し、武力による抵抗のすべがなかったので、クーノの政府は賠償支払いをいっさい停止するとともに、パリおよびブリュッセルに駐在する大使を召還し、すべての官吏に占領軍の命令に服従するのを拒否するよう命じた。

こうした消極的抵抗の動きは、ルール地方の住民のあらゆる階層に、またたく間に広がっていった。経営者も労働組合も、一体となってゼネストを決行した。石炭業の労働組合は、書類いっさいを携えてハンブルクに避難した。フランス、ベルギー両国の行動を非難する点ではドイツのすべての政党が足並みをそろえ、イギリスも両国の行動に不快感を隠さなかった。このような状況のなかで、ドイツからの賠償物資、とくに石炭の引き渡しが止まったのを埋め合わせるために、フランス、ベルギー両国はそれぞれ自国の鉄道員、合計二万人に助けを求めた。ルール地方は、ドイツのほかの部分とは関税障壁によって隔離されていた。頑としていうことを聞かない官吏はつぎつぎと追放され、企業経営者の一部（このなかにはフリッツ・テュセン、クルップ・フォンボーレンの両人も含まれていた）は投獄された。破壊活動をこととする各種の義勇軍の兵士たちは、死刑を宣告された。そうした義勇軍の首領のひとり、レオ・シュラーゲター中尉（のちにナチにより国民的英雄にまつり上げられる）は、一九二三年五月二十六日に処刑された。クルップ工場の労働者とフランス軍分遣隊との間で衝突が起こった際には、フランス軍が発砲して、十三人の死者が出ている。ルール占領の際にフランス軍のとった傍若無人の態度は、のちのちドイツの世論に消しがたい傷跡を残すことになるばかりか、ドイツの民族主義者が《フランスに買収された黒人傭兵たち》の《黒い汚辱》を弾劾する際に、大いに利用されることとなる。それはともかく、当座に関する限り、消極的抵抗なる戦術は行き詰まりを見せた。その原因は、フランスの報復を恐れたことよりも、むしろこの戦術は、ドイツの経済、財政にとって、あまりにも高くつきすぎたからであったと考えられる。消極的抵抗は一九二三年一月十九日から九月二十六日までつづけられたが、その間、産業経営者に補助金を与え、ストライキ中の俸給生活者にも補償金を給付しなければならず、その負担額は三五億マルクにも達した。この金額は、ドイツが負担不可能であるとみずから主張している年間賠償負担額の二倍以上にのぼるものであった。しかも、そのほかに生産活動の混乱もあり、民衆の間に貧困と無秩序が蔓延したことも争えない事実だったのである。

2 危機による犠牲者と利得者

このように財政が破局状態になったことによる主たる犠牲者は、固定所得（退職年金、国債、利子収入）で生活している中小の市民階級であり、この階級に属する人びとは、自分たちが貧困に苦しみ、階級的に零落しつつあるのは共和制のせいであると考えるようになっていた。俸給生活者の場合、実質所得の低下率は三〇パーセントから七五パーセントにもおよび、所得低下の度合いは日雇い労務者よりも官吏のほうが大きかった。とはいうものの、一九二九年から一九三〇年にかけての大恐慌のときにくらべて、このときの貧しさがさほど強く感じられなかったのは、失業率が比較的に低かった（失業率がそれまでの九・六パーセントから二八・二パーセントに急騰した一九二三年秋の三か月を除いて）ことに起因するものであった。このように失業率が低く推移した事実は、一九一九年以来、年率六ポイントの経済成長率がつづいた結果、このころの工業生産が一九一三年の水準にまで回復していたことによって説明できるであろう。

これを逆説的にいうと、中産階級と俸給生活者はインフレーションの犠牲者であったが、長期の債務契約を結んだすべての関係者（連邦政府・各州政府・市町村、それにとくに企業）は、大変な利得者であるとみられていた。事実、こうした利得者たちは、減価した通貨で利子証書や国債、株式等を買い戻すことができた。こうした買い戻し行為は、一九二三年十一月になってやっと連邦最高裁により禁止されたが、これは遅きに失する措置であった。いずれにしても、インフレーションのおかげで連邦政府は、三〇〇億金・マルクにのぼる借り入れを、実質的に減価させることができたわけである。企業の資産も、金融界との有形無形の共謀による投機によって立て直しが図られた。その典型例が産業家フーゴ・シュティネスの場合で、シュティネスは結局、一五三五社にのぼるあらゆる業種（金属、化学、電力、石炭、製紙、海運、ホテル）の企業からなる一大企業帝国（三〇万人の労働者を雇用）を支配するにいたる。インフレーションのおかげで、産業家たちは輸出振興助成金の恩恵に浴すこともできた。そのほか、戦時中の損害を口実として、国から支給される補助金もばかにならない額だったのである。

商業、とくに外国との貿易に依存するところが大きい都市部の場合、他にくらべて繁栄しているとの印象は強かった。ローレンツ、テレフンケンといった建設業者は一九二三年十月にラジオ放送機器部門に進出したが、この新しい業界は急速な発展を遂げることとなる。すなわち、最初の八年間にドイツ国内で四〇〇万台のラジオ受信機が設置されたことが調査の結果判明し、ラジオの普及率で、ドイツはアメリカ、イギリスについで世界第三位の地位を占めることとなったが、たとえばフランスは合計九〇万台で、やっと世界第五位でしかなかった。商船隊についても、ハンブルク・アメリカ汽船、北ドイツ・ロイド汽船といった大手の海運会社の健闘もあって、全体の三分の一以上が再建された形となっていた。鉄道資材、駅舎、鉄道線路なども復旧もしくは近代化され、銀行業界も業務の拡大や支店の増設が進められた。

これに反して農業の場合、均衡を取り戻すのに大変な苦労を経験しなければならなかった。戦時中の肥料不足のせいで土地がやせていて、ヘクタール当たりの生産性はいちじるしく低下していた。たとえば一九二〇年に例をとると、じゃが芋の生産性の低下は一七パーセントであったし、らい麦は二九パーセント、小麦は三九パーセントそれぞれ低下していた。ドイツ東部では、農業労働者に見捨てられて開墾されないままの領地が数多く存在した。一九一九年には法律が制定されて、二〇ヘクタール以上の開墾地の先買い権と、一〇〇ヘクタール以上の領地の接収権が国に与えられたものの、この法律のもたらした成果は、十年間に新規の開墾地造成が二万六〇〇〇件、以前から存在する開墾地の拡張が六万件だったにすぎなかった。この程度の成果では小作農の生活水準を引き上げることはほとんど期待できず、単にユンカーと呼ばれる土地貴族の力を維持するだけの効果しかなかった。

Ⅲ　土地分割と政治的分裂の危機

インフレーションとルール占領とによって引き起こされた社会、経済の混乱状態は、人心の荒廃を招き、それが新たな困難を醸成する危険な要因となっていた。極左陣営では共産党が、一九二三年一月二十八日にライプツィヒで開かれた第八回党大会で、《労働者から成る政府》をつくるのを目標とするとの方針を明らかにした。そのころ都市単位もしくは地域単位の連合体となっていた各企業評議会が呼びかけたのに呼応して、あちこちでストライキが頻発するようになった。各企業評議会の代表から成る執行委員会は、各評議会ごとに一〇〇人ぐらいの人員を選んで自衛のための機関(百人隊)を結成するよう勧告した。この機関は共産党と社会民主党の同調者がそれぞれ同数で構成されることになっており、そのころプロイセン州の内相だったカール・ゼーヴェリングの禁止命令を無視して、革命的な活動をつづけることが求められていた。ザクセン、チューリンゲン両州の州議会では、議会内で絶対多数を占める社会民主党、共産党の両党が連合を組むに至った。ドイツ共産党に関していえば、この党には一九二一年以来、コミンテルンからカール・ラーデックなる活動家が派遣されて来ていた。ソヴィエト連邦とドイツとはラパロ条約（一九二二年四月十六日）によって経済的にも軍事的にも良好な関係にあったが、ラーデックは、少なくとも初めのうちは、この良好な両国の関係をそこなわないよう気を遣いながら、ドイツ共産党にボルシェヴィズムへの道を歩ませるよう指導していた。こうしたコミンテルンの矛盾した要請に戸惑っているドイツ共産党の内部で、おりもおり、二つの勢力が激突したのである。一つはハインリヒ・ブランドラー、アウクスト・タールハイマー両人にひきいられる指導集団で、社会民主党と共産党の接近に好意的な勢力、もう一つはアルカディ・マスロフ、ルート・フィッシャー両人を指導者とする一派で、こちらは社会民主党を階級の敵であるときめつけて、これとの協力はいっさい拒否すると主張する一派であった。ドイツ共産党の行動が首尾一貫したものでなかったのは、こうした党内の対立を反映したものにほかならなかったが、そうした党の煮え切らない態度は、ついに一九二三年秋の不祥事につながるのである。ザクセン、チューリンゲン両州では社会民主、共産両党の連立政府が国軍によって存在を脅かされるようになり、国軍は中央政府の名を借りて両連立政府をなきものとし、その代わりに中央政府の息のかかった人物たちをそのあとに据えた。このような状況のなかにありながら、ブランドラーは、労働組合の支持を失っていることもあって、連立政府を支持するゼネストを呼びかけるのを拒否したのである。ハンブルクでは、ドイツ政府が西側諸国と妥協の方向に動くのではないかと不安をいだくラーデックと、コミンテルンにせっ突かれて、エルンスト・テールマン（一八八六〜一九四四年）とドイツ共産党左派が、十月二十一日から二十二日にかけての夜に、連帯を表わすストライキを決行し、蜂起の準備までしたが、ベルリンの党中央委員会の支持を得ることができず、結局、蜂起の計画は三日間でつぶされてしまう。こうした一連の事件が起きたあと、政府は一九二三年十一月二十三日、ドイツ共産党を一時、禁止するとの布告を出すのに成功する。この禁止令はしかし、それから四か月後に撤回されることとなる。その間、クーノを首班とする内閣は、事態収拾の能力がないことをさらけ出し、八月十三日に元民族自由派の代議士で今はドイツ人民党に所属しているグスタフ・シュトレーゼマン（一八七九〜一九二九年）を暫定的首班とする救国政府（社会民主党・民主党・中央党・人民党の連立）が登場する。シュトレーゼマンは外相を兼ねることとなるが、外相としてのシュトレーゼマンは、ドイツの利益を守っていくためにさまざまな有効な手を打って、きわめて有能な人材であることを実証した。多くの政党の大同団結によってできる大連立政府は、すべての共和制擁護者たちの夢であったが、現実にはヴァイマル体制下の歴史のなかでは二度しか登場していない。一度目は一九二三年八月十三日から同年十月二日まで存在したシュトレーゼマンを首班とする政府、もう一つはミュラー首相（社会民主党）のもとで一九二八年六月二十八日から一九三〇年三月二十七日までつづいた連立政府である。一九二三年の《神聖同盟》を正当化する理由は、当時、政府を苦しませていた極左勢力からの揺さぶりや、経済の不振もあったが、もっと大きな要因として、ラインラント独立を叫ぶ分離主義者のさまざまな活動があったことを忘れてはなるまい。ラインラント＝ヴェストファーレンの親仏的なカトリック系分離主義者たちは、おりからラインラントにフランス、ベルギー両国の軍隊が駐留していることで、必要以上に勇気づけられていたのである。ケルン市長でラインラントの中央党に属するコンラート・アーデナウアーや、フランスの将軍マンジャン、ジェラール（この二人は、クレマンソー首相とフォッシュ元帥の希望にそってはいたものの、行き過ぎた行動に走ったとの理由で本国に召喚されていた）らのあと押しがあったにもかかわらず、ラインラントに独立した共和制を打ち建てようとする試みは一九一九年から一九二〇年にかけて失敗に帰したが、そのあとだっただけに、ラインラント占領はラインラントにとって、かつて保護国だったフランスとの関係修復を図る絶好のチャンスであった。連合国と金融の問題で交渉中だったアーデナウアー博士は、事を進めるのに慎重だったし、一九二三年三月十七日にはラインラント分離主義者であるヨーゼフ・シュメーツが暗殺される事件が起きたりもしたが、にもかかわらず、分離派の幹部のひとり、アーダム・ドールテ検事はひるむことなく、四月二十三日にパリに赴いた。パリでのドールテは、慎重にも会うのを避けたポワンカレにこそ会えなかったものの、その代わりにマンジャン将軍、モリス・バレス、ジャック・バンヴィルといった面々と会見することができた。フランスの国家主義者の一群の人びとは、かつてラインラント分離主義者に武器を供給したことがあるとみられていたが、そうしたフランスの国家主義陣営の人びとの支持を得たと確信したラインラント分離主義者たちは、いよいよ実力行動に踏み切ることとなる。九月三十日にはデュッセルドルフでラインラント分離主義者が公共建造物を占拠しようとしたのを見て警察が発砲し、流血の惨事を見るに至った。十日に入ると、アーヘン、コーブレンツ、ヴィースバーデン、クレーリングハウス、アイフェルの各地で、相次ぎ独立した共和国が宣言された。だが、こうした動きは一時的な成功でしかなく、十一月二十二日に高等弁務官ティラールが、フランスは以後、ラインラント分離主義者たちに寛容な態度で接することがない旨、イギリスに約束したと発表するに至って、すべてが終わりとなった。それでもプファルツ地方では十月の終わりに、ヨーゼフ・ハインツ＝オルビスなる人物が、ラインラント占領地域司令官、ド・メース将軍の支持を得て《ラインラント共和国のなかのプファルツ共和国》を設けている。この共和国は、一九二四年一月九日にハインツ＝オルビスがスピールで暗殺されてから、二月十二日にラインラント分離主義派の他の一五人が、ドイツ民族主義者たちの手で放火されたピルマゼンスの市役所から逃げ出そうとして撲殺されるまでの期間中、存続した。

ドイツ系の民衆に最もきらわれているフランスからの支持のあることがあまりにも明白だったので、

ラインラント＝プファルツの分離主義は、ついぞその目的を達することができずに終わった。同じ分離主義でもバイエルンの分離主義はまったく事情が違い、バイエルンでは極右勢力が極左勢力のあとを継ぐという現象が見られた。一九二一年にミュンヘンに保守派の政府ができてから以後、〈ナチ党〉（NSDAP）は、だれにはばかることもなく、その反議会主義、反ユダヤ主義の主張を宣伝することができるようになった。〈アントン・ドレクスラーの主宰する怪しげなドイツ労働者党〉は一九二三年に、組織化された戦闘集団となり、党員五万人、突撃隊員（SA）一万人を数える組織として、いつでも独裁制を樹立するための反乱を起こすことのできる体制を整えていた。バイエルン駐屯国軍司令官、フォン・ロソ将軍の支持があったおかげで、ヒトラーは「十一月の犯罪者を打ちのめせ」を合い言葉に、たびたび大衆集会を開くことができた。十一月の犯罪者とは、一九一八年、ドイツ敗戦時に権力を握った連中のことであった。ヒトラーの成功が華々しかったので、そのころ連邦最高裁から北ドイツの大部分の州でナチ党を禁止する旨の布告が出されたばかりだったにもかかわらず、フォン・ゼークト将軍は三月十一日にヒトラーと会見することに同意した。五月一日にはミュンヘンでの左翼系労働者の祭典に対抗して、右翼系の組織が大同団結して、武装デモを展開した。デモ隊は警察と軍によって武装解除されたが、そのあと行なわれるはずの捜査活動は、すぐにうやむやになってしまった。

九月二十六日、シュトレーゼマンを首班とする政府は、ラインラントでの消極的抵抗に終止符を打つという決定を下したが、この決定はバイエルンでの反乱の口実として使われることとなった。この日（九月二十六日）、カール州総監はバイエルン州全土に戒厳令を布告したうえで、独裁権を手中にした。シュトレーゼマンの命令で急遽駆けつけた国軍の兵士たちは、本来なら戦うべき相手と仲間になってしまった。にもかかわらず、エーベルト大統領から〈緊急事態の場合〉という理由で執行権を与えられているゼークト将軍から、子供だましみたいな真似をすると承知しないぞと脅されると、カールはそれ以上の行動に出るのをためらったのである。

ヒトラーがイチかバチかの勝負に出たのはこのときであった。十一月八日、ちょうどカールがミュンヘンのビヤホール、ビュルガーブロイケラーでの集会でみずからの政策を説明しようと準備していたところ、ナチ党党首ヒトラーがルーデンドルフ将軍と、銃を携えた数人の男たちを伴って中に入って来た。ヒトラーらの目的は、保守系の盟友たちを脅して、これをベルリンへの進軍に引きずり込むことにあった。カールは、あらかじめベルリン進軍への参加に同意していたのだが、その後、心変わりしたのである。その夜、一晩中、カールは、権力に飢えた《野心家ども》を糾弾するポスターを町中に張り出させ、警察と、バイエルン駐屯国軍を動員する手を打った。翌日、すなわち十一月九日の朝、警察と国軍は、将軍廟（フェルトヘルンハレ）の前に集団でさしかかったナチのデモ隊に発砲し、一六人の死者が出る事件が起きた。デモ隊の首謀者たちは逮捕された。ところがデモ隊の行動は《愛国的動機による》国家反逆であるとして、裁判官は理解のあるところを見せた。被疑者たちは、ライプツィヒの高等裁判所に出頭を求められることすらなかった。このとき二度目の蜂起に参加したこととなるルーデンドルフは、無罪放免となった。ヒトラーは禁固五年の刑をいい渡されてランズベルクの刑務所に拘留されたが、刑務所内でも仲間との面会を許されたばかりでなく、服役仲間で自分の後継者でもあるルードルフ・ヘスを相手に『わが闘争（マイン・カンプ）』の口実筆記までやってのけた。ヒトラーは結局、九か月の拘禁で釈放されることとなる。ナチ突撃隊と国軍との間の橋渡し役をつとめていたレーム陸軍大尉は、禁固十五か月の刑をいい渡された。フォン・ロソ将軍とカールはどのように取り扱われたかというと、二人は、事件にかかわりすぎていたとして、政界から身をひくことを強要されたのである。

指導者を失ったことで、極右勢力はまったく力を失ったかのように見えた。バイエルンと連邦政府との三回目の戦いはこれで終わり、ゼークト将軍も一時は、バイエルンでの権力を保持していく気になったが、結局はそれをあきらめた。というのは、ゼークト将軍が権力を握りつづけると、フランスがどのような態度に出てくるかが心配であったのと、エーベルト大統領が、バイエルンでの権力をシュトレーゼマン内閣の手に再びゆだねるはらであることが見てとれたからであった。

Ⅳ 通貨改革と経済の飛躍

1 レンテンマルクの創設

ドイツの経済および政治を安定させるには、通貨の建て直しがなんとしても必要であるとシュトレーゼマンは考えていた。通貨問題に関して全権を与えられていた経済相ハンス・ルター（無所属）は、通貨問題連邦審議官から連邦銀行総裁になったヒャルマール・シャハトの進言をいれて、一九二三年十月十五日に、レンテンマルクを発行することを任務とするレンテン銀行を創設した。

旧通貨、マルクも相変わらず流通していたので、レンテンマルクなる新通貨は旧通貨と共存する形となったわけだが、新通貨は金の保証がついておらず、国土のなかの工業用もしくは農業用の土地がその実物担保とされていた。金はどこかに逃避するか、さもなければ隠匿されてしまっていたので、それも当然のことといえた。実物資産を担保とするこの新通貨は、インフレーションが鎮静化もしくは終息するまでの間、ドイツ経済を支えるテコの役割を果たすこととなった。新通貨の発行限度額は二四億マルク（一レンテンマルクは一兆マルク紙幣と同額）と定められていたが、いずれにしても新通貨が発行されたことで、ドイツ経済への信頼は急速に回復のきざしを見せるようになった。経済への信頼回復をさらに強固なものとするために、政府はいくつかの緊縮政策を発表した。一九二三年十二月には財政改革によって納税は金本位に基づいてなされなければならなくなったのがその一つ、もう一つは三〇万人近い官吏を解雇することによって公的支出を圧縮したこと、さらにもう一つは、失業手当を減額し、鉄道および郵便への補助金を削減したことであった。

　信用制限が実施されたことで為替投機がなくなり、それによってデフレーション政策が促進されることとなった。信用制限でまず第一に打撃を受けたのは、インフレーションに備えて外貨を買い入れている人びとであった。一九二三年十一月になると、連邦銀行《ライヒスバンク》は月末決済のための信用供与をしなくなり、その代わりに外貨を、一ドル＝四・二京のレートで買い入れるといい始めた。連邦銀行《ライヒスバンク》が外貨を高額のレートで買い入れるようになったので、ドイツの通貨の相場下落を当て込んだ投機筋の動きは止まった。一九二四年四月に入ると、連邦銀行《ライヒスバンク》は産業界への新規の信用供与を完全にストップし、そうすることによって支払い期限に間に合わせるために企業が外国に所有している資産を国内に引き揚げざるをえない立場に追い込んだのである。加えて、ニューヨーク、ロンドン、アムステルダムといった都市の金融業者たちがドイツの将来を〈買い〉と見て、これに投資する動きを見せたので、ドイツ経済への信頼は完全に回復するに至り、一九二三年末には連邦銀行《ライヒスバンク》はすでに四億六七〇〇万金・ドルの手元流動性を確保するに至っていた。このような状況にあったので、ドイツ政府としては、新しい通貨、すなわち金の裏付けのある通貨ライヒスマルク（RM）を創設することを考えはじめた。これを実行するにはイギリスの援助を仰ぐことが必要とされ、イギリスは五パーセントという例外的な低金利で、必要な信用供与をするはずであった。ルール占領をはじめ、フランスのとっている政策はとかく独断的とみられがちで、これに怒っていたイギリスの立場からすれば、こうした対独援助策はいちじるしく政治的な性格のものに相違なかったが、ともかくもドイツがヨーロッパのなかで、しかるべき均衡と信頼をかちえるのを助けることによって、イギリスとしては、フランスのやり口に一矢報いようとの意図があったことも争えない事実であった。それに、イギリスとドイツの銀行家たちの間には、友情のきずなというよりも家族的なきずなさえもが存在した。たとえばヒャルマール・シャハトひとりを例にとっても、シャハトはアングロ＝サクソン系の同業者との間に古くから深い関係があったが、それがその後のシャハトにとって、どれほど有利に作用したかわからないほどで、とくにニュルンベルクの国際裁判の法廷で、シャハト自身が第三帝国に奉仕するためにどのような行動をとったかを説明した際に受けた利益は計りしれないものがあった（シャハトは無罪となった）。

2　ドーズ案

ドイツの通貨問題が解決したことで、相変わらず中断されたままになっていた賠償問題についても、交渉による解決の可能性が出てきた。一九二三年十月にアメリカ大統領カルヴィン・クーリッジは、賠償計画を練り上げる作業を数人の専門家に託すことを提案した。十一月三十日、賠償委員会は、チャールズ・C・ドーズ将軍を議長に会議を開いて、この大統領案を取り上げた。ドーズ将軍は、クーリッジのあとを継いでアメリカ副大統領になっている産業界の大物で、一九二四年八月に関係各国の政府に自分の作成した案が受け入れられると、その案に自分の名を冠させたのである。この案は有効期限が五年で、賠償総額こそ示されていなかったものの、一年の猶予期間を置いたあとの年間賠償支払い額が定められていた。一九二四年から一九二五年にかけての時期には、ドイツはまだインフレーションの衝撃から完全に立ち直っていなかったので、賠償は二億マルク程度しか支払われず、逆にドイツは外国から八〇〇〇億マルクを借り入れて、フランス、ベルギー両国内の被災地の復興資金や、連合国からの借入金のうちのアメリカへの返済分に充てた。一九二五年から一九二六年にかけての時期になると、ドイツの賠償支払い額は一二億マルクからうなぎ登りに増えはじめ、一九二九年には《正常》と見なされる二五億マルクの水準に達するに至った。結局、ドーズ案は五年の期間中、全体として満足すべき成果をあげたのである。

ドイツの賠償負担額

	一九二四～一九二五年	一九二五～一九二六年	一九二六～一九二七年	一九二七～一九二八年
ドーズ案による借り入れ収入	八〇〇			
国家予算からの経常支出		二五〇	一一〇	五〇〇
国家予算からの特別支出			三〇〇	
中央銀行預託担保の利子	二〇〇	五五〇	五四〇	六六〇
事業債利子		一二五	二五〇	三〇〇
輸送税		二四二	二七八	二八六
合計	一〇〇〇	一一六七	一四七八	一七八六

（単位：百万ライヒスマルク）

このようにして一九二九年までの四年間に、予算のなかに占める賠償の負担額は一一億六〇〇〇万ライヒスマルクに達したが、連邦予算全体（三六〇億ライヒスマルク強）のなかでは三パーセント、国民所得のなかの、わずか二・四パーセントを占めるにすぎなかった。ドーズ案の発効と通貨の安定化に伴って、ドイツ経済は上昇気流に乗りはじめたが、といって、それはすべての階級の人びとに利益をもたらす性格のものではなかったのである。

3 経済復興の功罪

外国資本、とくにアメリカ資本がドイツ国内に大挙して流入（一九二四年から一九三〇年にかけての時期に二五〇億ないし三〇〇億ライヒスマルクが流入したと推定されている）するようになった結果、企業活動だけでなく、各州や各市町村の経済活動も活発になった。このように、多くの場合、短期でしかも当時としては比較的高い金利（九パーセントから一〇パーセント程度）で資本がドイツ国内に流入した結果、ドイツのかかえる負債は、一九二四年の一億六六〇〇ライヒスマルクから一九二九年には十二億五五〇〇万ライヒスマルクへと急増するに至った。アメリカ企業の繁栄ぶりに目がくらんだドイツの企業経営者たちは、生産の近代化と合理化によって企業収益を増加させることしか頭になかった。設備機械の更新、研究開発の促進、流れ作業の導入などの努力をすることによって、企業経営者たちは、生産性の異常な向上の恩恵に浴することができるようになった。

一九一三年とくらべた労働者一人当たりの生産性も、コークス製造部門で三八パーセント上昇し、化学部門でも二〇パーセント生産が増加していた。高炉の生産性も五〇パーセント向上した。戦前に他国の追随を許さなかった化学、電気工学、光学といった部門で、ドイツは再び世界一の座を占めるようになった。企業の地理的集中もさりながら、カルテルもしくはコンツェルンの形成（イー・ゲー・ファルベンは一九二五年に、合同製鋼は一九二六年にそれぞれ成立）によって、資本の集中が進められ、こうしてできた正真正銘の企業帝国は、共和制の末期には、ドイツ産業の名目資本の八四パーセントを支配するまでになった。そのころになると繊維産業および鉄鉱石部門を除き、ドイツの工業生産は一九一三年の水準をはるかに超えていた。一九二八年の生産量を一〇〇とする指数で見ると、一九二四年の指数は六九、一九二五年は八一・八、一九二六年七七・九、一九二七年は九八・四と推移していた事実を見れば、この間の事情はわかるであろう。

しかしながら、俸給生活者は、こうした経済成長の恩恵にほとんど浴することがなかった。賃金の調整のおかげで、俸給生活者は戦前の生活水準をどうやら取り戻すことができたものの、その代わりに、一九一八年十一月にかちとった一日八時間労働制は無視され、より長時間の労働を甘受しなければならなくなった。一九二三年も年末が迫るころになると、十一月三十日にシュトレーゼマンの内閣を引き継いだばかりのマルクス（中央党）首班の内閣は、全権を付与されているのをよいことに、労働時間の延長を布告した。その結果、官吏の週当たりの労働時間は、それまでの四八時間から五四時間となり、労働者についても、一日八時間労働制は建て前として堅持されながらも、実際の労働時間は九時間ないし十二時間に延長されることとなった。これをきっかけに、一九二四年に入るとストライキが頻発（二万九〇〇〇社以上の企業と一七〇万人以上の労働者を包含するストライキが二〇〇〇件以上も起きた）したばかりでなく、〈ドイツ労働組合総同盟〉（Allgemeiner deutscher Gewerkschaftsbund = ADGB）が社会民主党への帰属を撤回し、さらに一九一八年十一月に労使間の合意でできた《労働共同体》なる機関をも否認するといった事態にまで発展することとなる。とはいうものの、労働陣営としては、合理化（一九二五年から一九二六年にかけて失業者の数はそれまでの二〇万人から二〇〇万人に増えた）の結果、仕事を失うおそれがあり、また、社会事業を奨励（大企業の場合、俸給の一パーセントをこれに充当）する強力な経営者団体を前にして労働組合が分裂するケースもあり、《御用組合》の一種といえる〈企業協会〉（Werkvereine）が存在するといったさまざまな理由から、俸給生活者の闘争力は、とかく弱まりがちであった。三大労働組合、すなわち一九二一年に死んだカール・レギーンの後継者であるテーオドール・ライパルト（一八六七〜一九四七年）の指導下にある社会民主党系のドイツ労働組合総同盟（ADGB）、のちに中央党代議士、ついでブリューニング内閣の労働大臣となるアーダム・シュテーゲルヴァルト（一八七四〜一九四五年）に率いられるキリスト教系のドイツ労働組合総連合、ヒルシュ・ドゥンカーの自由労働組合などが主として被雇用者と官吏を傘下におさめていたが、ドイツ国内に二一〇〇万人の労働者がいるというのに、三大組合合わせた加入労働者数は、一九二三年の六〇〇万人から一九二五年には四〇〇万人に減少していた。約四二〇万人いる婦人労働者（全俸給生活者の一一パーセントに相当）の組合組織率は一四パーセントと、とくに低いのが目立った。このように労働組合に人気がなくなった理由は、経営に関与する機関になってしまった労働組合が、国の経済的、財政的均衡を最優先課題とし、そのためには権利闘争よりも経営者との協調のほうが大切だとの方針を貫くようになっていたからではないかと考えられる。クルップの指導下に一九一九年に創設され、共和制の末期には製造企業の八〇パーセントまでを糾合するにいたる〈ドイツ産業連盟〉、八〇〇万人近くの被雇用者を傘下におさめる〈ドイツ労働力提供連合〉、それに〈業種別組合〉といった組織までが政治的、社会的な権力をなし、国家のなかの国家ともいうべき存在となっていた当時の状況からすれば、労資協調とは強者と弱者のまごうことなき連帯だったのである。なんらかの目を転じて農業部門を見ると、その経営状況は明らかに工業部門の状況よりも劣っていた。

方法でインフレーションの思恵を受けて戦前の借金を三分の一程度減らした幸運な人びともいないわけではなかったが、そういう人びとに限って、一九二五年になると、五〇〇〇万ライヒスマルクの負債（農場の近代化に必要な新規借り入れが二〇〇〇万ライヒスマルク、《平価切り下げ法》施行後の旧負債の二五パーセントに相当する部分が三〇〇〇万ライヒスマルク）をかかえる状況に追い込まれていた。農産物価格の変動も、農民たちにとって、けっして有利ではなかった。

農作物価格と工業生産物価格の推移

	農産物価格	工業製品価格
一九二四年	一二〇	一五六
一九二五年	一三三	一五七
一九二六年	一二九	一四九
一九二七年	一三八	一四七
一九二八年	一三四	一五九
一九二九年	一三〇	一五七

（一九一三年＝一〇〇とする指数）

戦前に比して農産物価格の上昇率が高くなっていたことは事実であるが、それでも農民が購買しなければならぬ工業製品にくらべて、農産物の価格上昇率は鈍かった。農民の負担する農業開発費が増加したのもそのような理由からであったが、農業開発費はそのほか賃金と社会保障費負担額の増加によってもいっそう、高くならざるをえなかった。このような状況のなかで、農民のかかえる負債額は一九三二年に一二〇億ライヒスマルクに達することとなり、その金利負担（十億ライヒスマルク）は、やがて一ヘクタール当たりの収入の一一パーセント近くを占めるようになった。当時、農産物の国際相場は下落していて、それを〈国からの援助策〉（保護貿易政策、低利貸し付け、減税など）で埋め合わさなくてはならないという憂慮すべき状態にあったわけで、一九二八年と一九二九年に豊作に恵まれて、一時的に事態が改善されたとはいうものの、農業の生産性が思わしくないことが、農民にとって過重な負担となっていることは否定できなかった。農業こそは、つねに潜在的危機の状態に置かれており、最後までドイツ経済の弱い部門でありつづけた。

ドイツ経済のもう一つの弱い部門が、〈外国貿易〉であった。十九世紀の八〇年代以来、ドイツはつねに世界貿易の一〇パーセント以上を確保しつづけてきた。それにもかかわらず、貿易収支は約一五億マルクの赤字となっていた。一九二四年から一九二九年にかけて、貿易額は戦前に比して二〇パーセントから四〇パーセント程度増加したが、一九二六年と一九二九年を除き、貿易収支の赤字は以前と同じ水準に達していた。一九二六年と一九二九年には貿易収支は均衡したが、それはこの両年には、輸出振興策が強力に進められたことと、輸入が削減されたのがその原因であった。貿易収支が赤字であった理由の一つは、六三〇〇万ないし六四〇〇万人の人口を養っていくために多量の食料品を輸入する必要に迫られていたことである。ドイツの住民は、食料品部門だけで年に四〇億ないし五〇億マルクを支出しており、これは輸入全体の三分の一以上に相当する金額だったのである。一方、ドイツの輸出は、とくに化学（一三億マルク）を中心に、中央ヨーロッパで手堅い実績を残してはいたものの、西欧の列強諸国への輸出は減っていた。ドイツの経済力が向上するにつれて、これら列強諸国は保護主義を採用するようになったからであった。そのうえ、イギリス、アメリカ、日本などの諸国と競争していくには商船隊の再建も不充分（一九一三年にくらべ、船舶数で一〇〇〇隻、船腹量で一〇〇万トンがそれぞれ不足）であることもわかった。それにドイツの対外投資額（八〇〇万ないし一〇〇〇万マルク）が外国からの借り入れ残高に遠く及ばない状態にあったことを考慮に入れれば、国際収支を均衡させるには、外国資本を導入する以外に方法がなかったことがわかるであろう。結局のところ、《繁栄》の時代といわれる一九二四年から一九二九年までの間に、金融および経済の再建が着実になされたおかげで、ドイツは賠償にもどうにか対処することができ、自国の工業および農業の再建を果たすこともでき、自国の経済の基盤整備を進めることもできたのである。しかし、それもこれもすべてが、国内人口の大きな部分が貧困化するという犠牲のうえに立って、しかも外国からの借金にますます依存しなければならない事態のなかでなされたものであることを忘れてはなるまい。

第四章　思想および宗教の分裂状態

I　ヴァイマル思想

ヴァイマルの思想は、共和制憲法のなかに表明されており、それは《ヴァイマル連合》を形成した三党の妥協の産物にほかならなかった。三党の性格は、社会民主党の《改良社会主義》、ドイツ民主党の《ブルジョワ自由主義》、中央党の《政治的カトリック主義》であった。

1　改良社会主義

ヴァイマル共和国時代に社会民主党を支持していた一般大衆の信条は、エードゥアルト・ベルンシュタイン（一八五〇～一九三二年）の主張する改良主義理論に根ざすものであった。ベルンシュタインの主著で一八九九年に出版された『社会主義の前提と社会民主主義の役割』（Die Voraussetzungen des Sozialismus und die Aufgabem der Sozialdemokratie）は、カール・マルクスの思想を体系的に批判していた。にもかかわらず、一九二〇年のカッセルでの党大会の際に、〈エルフルト綱領〉（一八九一年）に代わるべき綱領を作成しようとした社会民主党が助けを乞うたのは、ほかならぬベルンシュタインであった。その結果、出来た〈ゲルリッツ綱領〉（一九二一年）のなかでは、改良主義の方向に路線が修正されているのが目をひいた。その後、ハイデルベルクでの党大会（一九二五年）で党がマルクス主義に復帰したので、この修正は一時的に見直しされたものの、改良主義の路線は、共和制が終わるまで、社会民主党と各労働組合にとって、変わることのない最高の指導理念でありつづけた。ところで、共和制の終焉とベルンシュタインの死とは、たまたま時を同じくしているが、これが何かを象徴していると見るのは偏見であろうか。

2 ブルジョワ自由主義

ドイツ民主党は、一八四八年のブルジョワ自由主義の遺産継承者であった。ヴァイマル憲法の父ともいうべきフーゴ・プロイスは、オーストリアとの政治統合を視野に入れた《大ドイツ》の考え方のなかに、このブルジョワ自由主義に基づく具体策を巧みに織り込んだ（オーストリアとの政治統合は、連合国の拒否権行使で実現しなかった）。それは合理的地方分権主義ともいうべきもので、歴史的個人主義とは対立する概念であり、ジャコバン派流の個人的平等主義を、農業協同組合、職人協同組合（Genossenschaften）、非政治的労働組合などの設置によって修正したものとも対立する考え方であった。ドイツ民主党の理論的指導者だった社会学者、マクス・ヴェーバー（一八六四〜一九二〇年）は、個人の単なる集積にすぎない社会（Gesellschaft）と、宗教を起源として《連帯的信仰》を産み出す力もある共同体（Gemeinschaft）との違いを峻別した。この理論は、のちに第三帝国のいう〈国民性〉がそうなったように、国家への狂信にまで発展する可能性を秘めていた。ヴェーバーは、牧師で政治家だったフリードリヒ・ナウマン（一八六〇〜一九一九年）をはじめとする仲間たちの大部分と同様に、《強くて社会主義的な帝国》に賛成の立場であり、それまでにも共和制には理屈のうえでしか賛成したことがなかった。そのヴェーバーが望んでいたのは、民衆と直接に意思疎通をはかることができて、手本とすべきものを自ら選ぶ能力のあるカリスマ的な指導者を置くことによって、議会制の行き過ぎにブレーキをかける体制だったのである。ヴェーバーが、大統領制に近い形の〈指導者型民主主義〉という概念を思い描いていたのは、以上のような背景があったからであった。この概念は、歴史学者フリードリヒ・マイネケ、神学者エルンスト・トレルチュ両人の唱えていたものと同類で、トレルチュに至っては、新しい国家のなかに統合された各社会階層の協力なるものを歴史主義の立場から付け加えて、この概念を補足していた。このような自由主義的な考え方よりも右寄りに、シュトレーゼマンの〈人民党〉の唱える脆弱で煮え切らない共和主義の主張があり、この党はとくに産業資本家の利益を代弁していたのである。

3 政治的カトリック主義

一八七〇年にライヘンスペルガー兄弟とルートヴィヒ・ヴィントホルストによって創設された中央党は、ビスマルクの文化闘争により迫害されている少数カトリック教徒の利益を守ることを当初から党是としていた。その中央党が共和主義の理想を実現する仕事に参加することとなったわけだが、その姿勢には、自由主義者の場合と同様に、きわめて心もとないものがあった。カトリックの司教たちは大部分が教条主義者であって、新憲法が〈民衆の主権〉なる原理を肯定しているとして、これに反対のキャンペーンを張っていたばかりでなく、カトリック教の教義だけを信奉する政党を維持していきたいと望んで、超宗派的な考えをいっさい退けていた。こういった司教たちを納得させるために社会主義的カトリック主義者たちのできることといえば、キリスト教的労働組合の力を借りることによって司教たちの主張をある程度、掣肘することしかなかった。

ヴァイマル思想というのは、結局のところ、程度の差はあっても、共和制という制度を受容することを基本とする考え方にほかならなかった。それは矛盾に満ちた苦渋の受容であったから、ヴァイマル思想が、そのときどきの状況に極度に左右される性格のものとなったのはやむをえないことだったのである。

II 革命思想とドイツ共産党

あらゆる場合の基準として言えることは、マルクス主義はさまざまな解釈の仕方が可能であって、互いに競い合っているさまざまな組織はもちろん、ときにボルシェヴィズムの手本としてのソヴィエト連邦とは対立する組織さえもが、それぞれ独自に解釈したマルクス主義を標榜しているのもよく見られるところである。一九一九年に殺害された共産党幹部の間でも解釈はさまざまで、フランツ・メーリングがロシア型のマルクス主義を称揚しているのに対して、ローザ・ルクセンブルクはロシア型マルクス主義に一目置きながらも、世界革命が起きなければロシアでマルクス主義が成功をみることはないと信じており、暴力行使に関してはレーニンとは反対の立場をとっていた。一方で独立社会民主党の創設者だったカール・カウツキはソ連型マルクス主義をはっきりと否定しており、社会民主党の指導者たちの大部分も、ソ連型マルクス主義は無政府主義的反乱の一形態であるとして、これを退けている。一九一九年一月一日にスパルタクス団、独立社会民主党左派、それに左翼急進派が寄り合って誕生したドイツ共産党は、発足直後から実際には指導者不在の状態に置かれていたが、その点では、この国の共産主義そのものも同様であった。というのは、おもな指導者たち（K・リープクネヒト、R・ルクセンブルク、L・ヨーギシェス、F・メーリング、E・レーヴィネら）が暗殺されるか、もしくは死亡したほか、一九一九年から一九二一年までの間、流血の弾圧があったからである。ドイツ共産党は、エルンスト・テールマンの唱導で、ボルシェヴィズムの例にならって、第三インターナショナルに加盟しているが、それは一九二〇年二月に武器による蜂起を容認する〈ドイツ労働者共産党〉（Kommunistische Arbeiterpartei Deutschlands）を創設した極左分子と、社会民主党の路線に近いパウル・レヴィ一派の党内右派勢力をともに切り捨てたあとのことであった。ちなみにレヴィは、のちに社会民主党に入党しているし、共産党の組織を作り上げたテールマンのほうは、一九二五年に共産党の委員長になっている。左右両翼を切り捨てるという手口は、本来、ドイツの政治風土にそぐわない方法だが、あえてこのような方法をとったことで、ドイツ共産党は、思想よりもむしろ党としての戦術や規律のほうを重視する路線を歩まざるをえなくなる。ただローザ・ルクセンブルクの思想と一部のトロツキー主義思想だけがドイツの革命思想の特性を保持している観があったが、それもばらばらになったいくつかの群小集団の思想的拠り所になったにすぎず、単に芸術的、知的前衛運動に理論的な力を与えるにとどまった。そのほかドイツの革命思想のなかで生き残っている部分の影響を受けてできたものに、二つの相互扶助団体があった。一つは〈国際労働者救済団〉であり、もう一つは〈赤色救済団〉であった。そのうち後者には婦人が二五パーセントほどを占めており、その活動家の半数は非共産党員であった。

Ⅲ　ゲルマン性、保守革命、民族主義革命

ゲルマン民族の優越性を称揚する風潮は、すでにヴィルヘルム皇帝下の帝政時代にあちこちで見られた現象であった。共和制が誕生するきっかけとなった一九一八年の敗戦と、それに伴う革命を経験したことで、ドイツ国民の間には、《ヴァイマル連合》の基礎をなすキリスト教的、あるいは社会主義的な自由主義的人道主義を、共産主義的人道主義と同様に拒否する風潮が強まった。好戦的で非合理的な民族主義の信奉者にいわせれば、ヴァイマル連合の精神は、《ユダヤ的なもの、アジア的なものの産物》にほかならないというのである。ニーチェ以来、おおまかながら述べられてきた〈反西洋的反動〉の概念も、こうした背景から人びとを捉えるようになったもので、それは一九二〇年にオスヴァルト・シュペングラー（一八八〇〜一九三六年）の『西洋の没落』のなかに、それまでよりもいっそう、混濁した形で描かれており、一九二二年にはアルテュール・メラー・ファン・デン・ブルック（一八七六〜一九二五年）の『第三帝国』という著書のなかでも《ドイツ流の》反資本主義的反動として説明されている。

1　保守革命

保守革命は、ヴィルヘルム帝政期のドイツ国民なる概念を直接、継承する運動であって、この運動の推進者たちは、その帝政期のドイツ国民という概念を、敗戦後のドイツにそのまま当てはめようとしたのである。保守革命は、次の三つの要素から成り立っていた。

① まず権威主義的、協調組合的、キリスト教的な国家を基本とする《ドイツ革命》を指向した知識階級の人びと。この立場に立つ人びとは、基本的に二つの集団に分かれて行動していた。一つは、メラー・ファン・デン・ブルックの友人であるハインリヒ・フォン・グライヒェンの主宰する〈ユニークラブ〉で、エトガル・ユングのような人びともこれに参加していた。ユングはオーストリアの社会学者オトマル・シュパンからの影響を受けて、ドイツ民族が中心だった神聖ローマ帝国の復活を呼びかけていた。もう一つの集団は、オイゲン・ディーデリヒス（一八六七～一九三〇年）を編集長とする新聞『ディー・タート』（行動）の周囲に群がる一団であった。一九三〇年から一九三一年にかけての時期になると、ディーデリヒスの見解を補足するものとして、オイゲン・ローゼンシュトックの〈ヨーロッパ革命〉に関する論説『憲法の番人』の著者で法学者のカール・シュミットの所説、経済学者F・フリートの『資本主義の終焉』についての見解、ジャーナリストのハンス・ツェーラーによる「新時代のエリートは若いうちに作らなければならない」とする所見などがこれに加わってくる。

② ついで〈青年運動〉、もしくはさまざまな学生運動組織出身の若い活動家たち。これらの組織はいずれも、〈学生団体〉〈大学生組合〉だけでなく、各種の義勇軍や、〈エーシェリヒ組織〉（Orgesch）のような反共和制主義者の組織に固有の民族主義的、反ユダヤ主義的伝統の流れを汲む集団でもあった。そして、これらの組織を出身母体として世に出てきた若い活動家たちの大ざっぱな思想はといえば、暴力と男同士の友愛を大切にすることを基本としている点はすべての集団に共通しているとして、そのほかに敗戦という事実への反感、《赤》と呼ばれる連中、ポーランド人、ロシア人、《一九一八年十一月の

犯罪者》等への怨恨と、ドイツの生んだ偉大な指導者たちの自然で、健全な権威への懐旧とがないまぜにされたようなものであったことは、エルンスト・フォン・ザーロモン（一九〇二～一九七二年）の著作のなかに描写されている通りであった。ブルジョワ階級のなかの〝落ちこぼれ〟といった階層の代弁者でもあった作家フォン・ザーロモンは、それでもナチ運動がもつ平民的な性格には反感を持っていて、基本的にはナチズムとは一線を画していたのである。

③　もう一つは、汎ゲルマン主義思想を色濃く内包する政党もしくは団体のたぐいである。代表的なものとしては、まずクーノ・フォン・ヴェスタルプ（一八六四～一九四五年）、ついで産業界および新聞界の大立て者だったアルフレート・フーゲンベルク（一八六五～一九五〇年）に率いられた〈ドイツ国家人民党〉、血と土に代表されるゲルマン精神の信奉者たちを糾合した〈農民同盟〉（Bund der Landwirte）、〈鉄兜団〉（Stahlhelm）のなかに群れをなしていた在郷軍人などが挙げられる。ついでながら鉄兜団の首領だったフランツ・ゼルテは参謀本部付き将校だった人物で、のちに第三帝国になってから、その功績が認められて、労働大臣に任命されることとなる。

2　民族主義革命

民族主義革命が、保守革命と同じ思想や信念を共有しながらも、保守革命と本質に異なっていた点は、次の三点であった。民族主義革命はまず〈生物学的人種主義〉に絶対の優位性を置いていたこと、それから行動するに際しては残虐で、斜に構えたような日和見主義を基本にしていたこと、最後の一つは、人材登用に際しては、広く一般の階層からも人選していたことである。ただし、一般の階層からの人選とは言っても、ある種の民族主義集団では、保守的階層との強いつながりが存在したことは否定できない。保守的階層の出身者のなかには、カナーリス提督、ルーデンドルフ将軍らがおり、そのほか初期のナチ党員のなかにも、エルンスト・レーム大尉、ルードルフ・ヘス、レーヴェントロ伯、グレーゴル、オットの両シュトラッサー兄弟、農民運動の指導者だったオット・シーレらがおり、シーレはアルタマン連盟の後見人として、リヒャルト・ヴァルター・ダレとその友人ハインリヒ・ヒムラーをナチ流の世界観のなかに引き込んだ実績がある。もう一つの民族主義的な流れに、メラー・ファン・デン・ブルックの弟子だったエルンスト・ニーキッシュの唱える民族的ボルシェヴィズムというのがあった。ニーキッシュは、マルクス主義でいわれる階級闘争なるものを、《プロレタリア国家》と《ヴェルサイユ条約の資本主義的秩序にのっとった豊かな国々》との間の闘争に転化させる論陣を張った。これは東方の諸国との同盟関係を重視するビスマルク流の考え方を思想的に定型化しようとする試みであって、フォン・ゼークトをはじめとする国軍幹部連が、現実政治の名目で実行したものであった。この流れに近い存在だったのが、オット・シュトラッサーの〈黒色戦線〉(Scbwarze Frcnt)で、オット・シュトラッサーはのちにナチズムと対立することとなる。

以上に挙げた諸集団よりも分類するのが厄介なものに、シュレースヴィヒ゠ホルスタインの〈農民運動〉(Landvolkbewegung)がある。この集団は一九二八年から一九二九年にかけて、一連の爆弾テロ事件で存在を誇示したが、その主張は、無政府主義を唱えるかと思うと、一方で都市に対して強い反感を持つ農業協同組合主義に走るといったぐあいに、激しく揺れ動いた。一九三〇年以後、シュレースヴィヒ゠ホルスタインの農民運動は、ナチ党への投票者の大量供給源となる。一九二五年二月といえば、ナチ党が一時、禁止されていたのが解けて、《再出発》した時期であるが、このとき以後、民族主義的革命の主導権は完全にナチ党に握られ、ナチ党は民族主義的革命に、国家至上主義の概念（Führerprinzip）を押しつけることとなる。そのころからハンス・F・K・ギュンター、リヒャルト・ヴァルター・ダレ、アルフレート・ローゼンベルク（一八九三〜一九四六年）らが革命の公式の理論家として認められるようになった。一九二三年以来、ナチ党の公式の機関紙『フェルキシャー・ベオバハター』の編集長だったローゼンベルクは、その後、ヒトラーの政治的信条を記した著書『わが闘争』（Mein Kampf）（第一巻は一九二五年に、第二巻は一九二七年にそれぞれ出版）を補完する基礎理念を、その著『二十世紀の神話』（一九三〇年刊）のなかで長々と展開する役割を担うこととなる。

ナチの思想とは、男と女、光と闇、精神と物質といった相反する概念に関して古代から提起されてきたさまざまな主題をごっちゃに取り入れて、それによって人類の歴史は二つの勢力の絶えざる闘争であることを証明しようとするものであった。二つの勢力とは、一つは戦士たちから成るアーリア人の世界の創造的、建造物的な力で、それを最もよく体現しているのが、ギリシア文明であり、もう一つの勢力というのは、母親たちから成る東洋的世界の、どんちゃん騒ぎにも似た混濁の力で、この世界に属しているのはアーリア人の女性を含む女全体だけでなく、ユダヤ人、スラブ人、有色人種の人びと、あらゆる種類の堕落した男女（そのなかには男性の同性愛者、慢性的身体障害者、《反社会分子》、それに一九四一年以後はジプシーも、その放浪性のゆえに加えられるようになった）とされていた。

このような疑似《人類学》（Rassenkunde）なるものは、あらゆる分野に応用されていて、たとえば経済の分野では、経済学を独学で身につけたと称するゴットフリート・フェーダー（一八八三〜一九四一年）という名の技師が、アーリア人の〝創造的な資本〟（scbhaffendes Kapital）と、ユダヤ人の〝搾取的な資本”との違いを発見したと盛んに吹聴していた。

伝統的保守勢力と民族主義者とは、戦術上の争い方の違いはあったにしても、共和制と、共和制政府がみずから実現しようとしている価値観を相手として闘わなければならないという考えでは一致していた。事実、共和制政府は、思想上の妥協や選挙の際の妥協を通じて、ある種の価値観をみずから実現しようと努めていたのである。

3　保守勢力の台頭

一九二〇年から一九二八年までに行なわれた四度の総選挙で明らかになったのは、独立社会民主党がなくなったことにより共産党の受けた利益が、きわめて部分的であったということである。いわゆる《ヴァイマル連合》は、社会民主党、カトリック系中央党の両党に関する限り、比較的安定した結束が保たれていたが、自由主義陣営（ドイツ民主党、ドイツ人民党）とのからみでは結束が弱まりつつあり、それが国家主義的右翼勢力（ドイツ国家人民党）を利する結果となっていた。

一九二〇年から一九二八年までの総選挙の結果

		一九二〇年六月六日	一九二四年五月四日	一九二四年十二月七日	一九二八年五月二十日
有権者数（単位一〇〇万）		三五・九	三八・四	三九・〇	四一・二
投票率（%）		七九・一	七七・四	七八・八	七五・六
ドイツ共産党	議席数	四	六二	四五	五四
	得票率	二・一	一二・六	九・〇	一〇・六

独立社会民主党	議席数	八四	〇		
	得票率	一七・九	〇・八		
社会民主党	議席数	一〇二	一〇〇	一三一	一五三
	得票率	二一・六	二〇・五	二六・〇	二九・八
ドイツ民主党	議席数	三九	二八・〇	三二	二五
	得票率	八・三	五・七	六・三	三・八
中央党	議席数	八五	八一	八八	七八
	得票率	一七・九	一五・六	一七・三	一五・一
ドイツ人民党	議席数	六五	四五	五一	四五
	得票率	一四・〇	九・二	一〇・一	八・七
ドイツ国家人民党	議席数	七一	九五	一〇三	七三
	得票率	一五・一	一九・五	二〇・五	一四・二
民族主義・ナチ党	議席数		三二	一四	一二
	得票率		六・六	三	二・六

国家主義的右翼勢力の台頭は、一九二五年二月二十八日に死んだエーベルトの跡を継いでヒンデンブルク元帥が大統領に就任したことで、いっそう明白となった。軍閥、ユンカー双方の代表的人物であったヒンデンブルク元帥は、得票数一四六〇万票、得票率にして四八・三パーセントを集め、《ヴァイマル連合》の唯一の候補で中央党出身のヴィルヘルム・マルクスの一三七五万票、四三パーセントを上回っ

たのである。共産党の候補だったエルンスト・テールマンは、本来なら社会民主党のオットー・ブラウンを有利にするために立候補を断念するはずだったのだが、中央党候補を有利にするために立候補辞退の要請をことわって出馬したが、テールマンは結局一九三万票、六・三パーセントの得票にとどまった。このように右翼勢力が勝ちをおさめる結果となった原因の多くが、ヒンデンブルク元帥個人の威信にあったことは間違いない。老いたる元帥（七八歳だった）は依然として、プロテスタント教会の影響下にあった帝政ドイツ時代からの軍部、官界、学界で根強い人気を保っていたのである。

Ⅳ　宗教の果たした役割

憲法のなかで政教分離が宣言されており、大部分の工業国と同じように、大都市および労働者の居住地域では脱キリスト教の動きが進んでいたにもかかわらず、ドイツは相変わらず伝統にとらわれた国であり、キリスト教文化の影響下にある国であった。《その他の宗教は統治者の宗教により決められる》という原則に基づいて各領邦の宗教はその領邦の支配者の宗教とすると定めたアウクスブルクの和議（一五五五年）が成立して以来、民族共同体としてのドイツには、多数派を占めるプロテスタント（四〇〇〇万人、人口の六四パーセント）と、少数派のカトリック教（二〇二〇万人、三二パーセント）の間に運命的な対立が絶えず存在していた。エルベ河の東側のドイツ領土はルター派が多数派を占め、エルベ河とライン川との間の領土はカトリック教徒を核としながらルター派と改革派が勢力を分け合っており、マイン河の南部はカトリック教徒とプロテスタントの勢力が伯仲しているというありさまであった。

一九一九年から一九三三年までの期間中、プロテスタント、カトリック両勢力が妥協の動きを見せたのは、告白派擁護のキャンペーンのとき（一九二二年、一九二五年、一九二七年）と、離婚容認法案を廃案にする際に協約を結んだときくらいのものであった。

共和制体制に対しては、カトリック教会の上層から下層にいたるまで、ほとんど共感を持っている者はおらず、プロテスタント教会に至ってはほぼ全員といっていいほどの聖職者が反感をいだいていて、《神のおぼし召し》で領主に与えられている権力を共和制政府が奪い取っているという事実を認めていなかった。にもかかわらず、キリスト教教会は〈公権の協同組合〉（öffentlich rechtliche körperschaften）という資格で、さまざまの大きな特権を与えられていた。キリスト教教会は、憲法で保障された教会財産を保持しつづけており、〈教会税〉を大蔵省の出先機関を介して徴収することも可能で、そのほか国および州から補助金（一九二八〜一九二九年には一億六四〇〇万ライヒスマルクだった）までが与えられていたのである。

1　ドイツのプロテスタント教会組織

一九一八年に、それまで〈最高権力〉を代表していた領主たちが追放されて、あるじを失った形のプロテスタント教会も、保守的な立場の聖職者たちに支配される体制は維持されていて、一九二二年には、伝統的な階級構成を守っていくことを保証する教会憲章が採択された。〈教会元老院〉（Kirchensenat）なる機関が設けられて、これが領主たちの持っていた権限を引き継いだが、この機関は〈教会全体会議〉の決議に拒否権を行使することが認められていた。教会全体会議とは、一般信徒の存在を無視して聖職者だけが支配する教会地方会議を母体として設けられた組織であったが、カルヴィン派の教会組織にだけは、こうした組織は存在しなかった。革命進行期間中に、〈人民教会〉についての議論が盛んだったが、一九二二年五月二十五日以降、二八のプロテスタント教会の行動を調整していた〈ドイツ福音教会連合〉（Deutscher Evangelischer kirchenbund）は、個々の教会の独自性を損ねないように努めながら、厳格な行政を行なう機関を備えていた。そのうちのドイツ全土を統括する機関が〈教会最高審議会〉（Oberkirchenrat）であり、州を単位とする機関は《上級監督官》（Superintendant）もしくは終身職として任命される主教（Bischof）を長とする〈長老会議〉（Konsistorium）で、これら両機関が、各教区の〈審議会〉により選ばれた組織にある〈教会地方会議〉を事実上、監督下に置いていた。十九世紀以来、教会内部では、多数派を占める正統派と、少数派である自由派との反目が潜在的に繰り返されてきたが、両者の反目は、多くの場合、過激な民族主義の信奉者と、共和制政府の持つ合法的権力に妥協的な姿勢をとる分子とが対立したときに起こるのがふつうであった。そのうちの民族主義の高揚が最も顕著に現われたのが、一九二五年にヒンデンブルク元帥が大統領選挙に出馬したときで、このとき、対抗馬だったカトリック教徒のマルクスを攻撃するキャンペーンには目を見張らせるものがあった。ドイツには、一方に皇帝や、帝政の伝統に対し、いかなる状況の下にあっても忠誠心を表明する保守的な階級が存在し、その存在そのものが、そうでなくてさえ長くつづいている排外的、反ユダヤ的国家への信仰と狂信との混同を恒久的なものにしていたのだが、それに対抗する存在として《ルター主義の復活》の動きがあった。この動きは、その根源にさかのぼって意義を考え直すことを特徴としており、一九一七年、宗教改革四百周年の際に、早くも神学者、カール・ホル、オットー・シェル両人の主導でその存在が公然たるものとなっていた。この動きがいっきょに華々しいものとなったのは一九一九年のことで、このときスイス出身のカルヴィン派の神学者、カール・バルト（一八八六〜一九六八年）が『ローマ人への手紙』を独自に解釈した見解を明らかにし、そのなかでバルトは、聖書のなかに書かれている神の言葉と意思の表現たるキリスト中心主義の優位性について確言しながら、正統派教義をも、敬虔主義もしくは自由主義的概念をも、ともにしりぞけているのである。一九二一年にゲティンゲン大学の神学教授となり、そのあとボン大学教授に就任したバルトは、一九二三年から一九三三年までの間、ルター派および改革派の流れを汲む改良プロテスタント教を普及させるための花形的存在たる雑誌『時代から時代へ』(Zwischen den Zeiten)を発刊した。この雑誌を媒体として、一九三三年から一九三四年にかけての時期に、ナチの全体主義的要請に対抗して、神のおきての必要性を説く〈告白教会〉(Bekennende)が生まれることとなる。カール・バルトはそれでも政治闘争に直接、参加することなく、一九二一年から一九二二年にかけての時期以後、エミール・フックス、エルヴィーン・エカートといった牧師たちや、パウル・ティリヒ、ジークムント゠シュルツら神学者たちの周囲に集まるようになった〈宗教的社会主義者たち〉との連帯を強めていく。バルトはまた、一九二八年にマクデブルクで諸国民との和解を説き、キリスト教教会を軍事目的に使うことを弾劾する説教をしたかどで民族主義的プロテスタントからの弾圧の対象となっているグンター・デーン教授を支持することも忘れなかった。

とはいうものの、バルトらのこうした運動に共鳴する者はごく少数で、これに対して〈民族主義的プロテスタント教〉のほうは、広範な男女大衆に進路を示す役割を果たした。これら男女大衆は、必ずしも教義の実践に熱心だったわけではないが、それでも洗礼を受けたり(プロテスタントまたはカトリックの信者である両親の子供たちのうちの九五パーセントまでが洗礼を受けていた)、あるいは当時、網の目のように張り巡らされていた各種のスポーツ団体、慈善団体、愛国団体、教育団体などに参加したり、保守的な主張の新聞雑誌や出版物と接することによって、祖先伝来の文化教養とのちぎりを捨て去らないでいた。

民族主義感情が異常な高揚を見せていたことは『潜水艦から説教壇へ』と題するベストセラー（一九三二年）の著者だったマルティーン・ニーメラーの主張のなかにさえ、民族主義感情が含まれていたほどであった。それゆえ、民族主義感情の異常な高揚に歯止めがかかるのは、ニーメラーや、ヴュルテムベルクの司教テーオフィール・ヴュルム、バルトの弟子でナチの手で殺害されることとなるルター派の神学者ディートリヒ・ボーンヘファーといったような人びとが、国家に対する信仰と狂信との決定的な違いを問題とするようになる第三帝国試練の時期まで待つほかなかったのである。

2　ドイツ・カトリック教の教義

帝政時代の権力者とのつながりが他にくらべて薄かったドイツ・カトリック教会は、十九世紀を通じて求めつづけながら手に入れることのできなかった〈自由〉なるものを、共和制の法律によって、やっと手に入れることができた。憲法によって、ライヴァルであるプロテスタント教会と対等の立場に置かれることとなったドイツ・カトリック教会ではあったが、戦争のあとの領土喪失によってプロテスタント教会以上に損失をこうむった。というのは、領土喪失によってプロテスタント教会が一九〇万人の信徒を失ったのに対して、カトリック教会の方は、実に四五〇万人の信徒を失ったからである。このような信徒の減少は、革命期間中に教会から脱退した信者の数が比較的少なかったことで、いくらかは埋め合わせがついていた（一九一九年から一九二一年までの期間中、教会からの離脱者は、プロテスタント教会では全体の二パーセントだったのに対し、カトリック教会の場合には、わずか〇・四パーセントでしかなかった）。政教分離で国との伝統的な関係が断絶したといっても、コンコルダートの調印（バイエルンでは一九二四年、プロイセンでは一九二九年、バーデンでは一九三二年）があったので、カトリック教会の組織にはなんの変化ももたらされなかった。カトリック教会はさまざまな権利のほか、他の宗派と同じようなさまざまの保障をも与えられていたが、そのほかにカトリック教会の当局者は、神学の教員の任命と宗教教育の内容について拒否権を行使するのを認められていた。司教の任免権は法王庁にゆだねられていたが、ただし政府との事前の協議が条件となっていた。司教は司教で、自己の教区内の司教の任免をすべて手がけることができ、各教区内では、なんの財政上の制約もなく財を自由に取得することもでき、それによって修道会を設置したり、教会内での自己の地位を固めたりすることができた。一九一九年には共和制政府と法王庁との間の外交関係が成立したが、これはのちにピウス十二世となるエウジェーニオ・パチェルリ猊下の仲介によるものであった。パチェルリ猊下は当時、法王庁大使として、一九二二年まではミュンヘンに、そのあとはベルリンに駐在していた。

カトリック教会に与えられたさまざまの特権について、民族主義的プロテスタント勢力や社会主義的左翼の連中は、これを度が過ぎているとみなし、カトリック教会は《国のなかに国》をつくっているといいがかりをつけて、これに断固反対する姿勢を見せるようになった。大司教が六人、司教が二二人、在俗司祭が二万人もいた（これは信徒の数からみてプロテスタントの牧師の二倍）だけでなく、修道会の数も教会内の役職も飛躍的に増えた（修道会および役職者の数は一九一九年に七万二五三六人、一九三三年には八万八五八九人で、そのうち女性は七万五一三〇人）ことを考え合わせると、共和制のもとでドイツ・カトリック教会が活力を遺憾なく発揮したことは間違いなかった。事実、カトリック教会は、教会、修道院や隠修修道院、孤児院、学校、聖職者養成所などをつぎつぎと建設したほか、労働界に関連しては《労働者協会》（Albeitervereine）を設立したり、ケテラー猊下とコルピング神父によりキリスト教サンディカリズムの拠点作りが構想されたりもした。カトリック教会は六〇八紙以上の日刊紙（そのうちの大部分が中央党と関連を持っていた)のほかに、レヴェルの高い雑誌を三誌、機関誌としていた。三誌のうち『ホーヒラント（高地）』と『シュティメン・デルツァイト（時の声）』の二誌は、主としてイエズス会の修道士により編集されていて、その影響力はドイツのカトリック教徒たちの内部だけにとどまらず、その他の世界にも広く及んでいた。残る一誌の『ブレター政治史』は、十九世紀にヨーゼフ・ゲレスによって創刊された政治的カトリック教の流れを汲む雑誌であった。全国的な規模では、一八九七年にフライブルク・イム・ブライスガウに創設された〈ドイツ・カリタス会（博愛会）〉がカトリック教会の慈善事業、社会事業の総元締めといった役割を果たしていた。カリタス会は、国内の主要都市に事務所を置いていたほか、独自の出版活動をもしており、全体で数千万ライヒスマルクの予算を使っていた。プロテスタント教徒と同様、カトリック教徒も年に一度、〈信徒の日（katholikentag）〉を設けて、宗教に関する問題だけでなく、政治活動や社会活動に関する問題にも取り組んでいた。一九二二年九月にミュンヘンで開催された大戦後初の信徒の日の祭典では、パッチェルリ法王庁大使の臨席を仰ぎ、コンラット・アーデナウアーの司会のもとに、一〇万人の信徒が集められた。この祭典で、参加者たちはバイエルンのルプレヒト公を喝采して迎えたが、その席でミュンヘンの大司教、ミハエル・フォン・ファウルハーバーは《神なき憲法》と《カインの印》のついた革命とをのろう発言をした。カトリック教会とは密接な関係にある宗教政党、中央党が《ヴァイマル連合》の結成にも共和制の進展にも主役を努めていただけに、フォン・ファウルハーバーの発言は、聞き捨てならない内容を含んでいるといえた。共和制が続いた十四年間のうちの八年半は、五人のカトリック教信者の首相（フェーレンバッハ、ヴィルト、クーノ、マルクス、ブリューニング）が政府を率いていたのである。そのほかに、一九二〇年から一九二八年まで労働大臣だったハインリヒ・ブラウンス、その跡を継いで同じく労働大臣になったキリスト教サンディカリズムの総裁、アーダム・シュテーゲルヴァルトといった終身雇用に近い大臣がいたことも忘れてはなるまい。フォン・ファウルハーバーの発言のような曖昧さのよって来たる原因は、当時、法王権至上主義でこりかたまっていたドイツ・カトリック教の教義が民主主義とはあまりにもかけ離れていたことにあるといっていいであろう。とはいえ、ドイツ・カトリック教会は精神的な影響力を世に広めるための拠点をいくつも持っていた。なかでも目立った存在だったのがマリーア・ラーハ（コーブレンツ近郊）、ボイローン（バイエルン州）両地の大修道院で、ボイローン大修道院の修道僧で哲学者だったロマーノ・グアルディーニは、ベルリン大学に特別に設けられたカトリック哲学の講座を受け持つ最初の講師となった。ドイツ・プロテスタント教会とは異なって、カトリック教会が格段に安定した状態にあったのは、教会幹部が質量ともにすぐれていたことと、教会網がしっかりと機能していたことによるもので、おかげで信者たちは、規律と共同体的団結の必要性をたたき込まれたのである。カトリック教信者たちの規律と共同体的団結は、ナチ党が台頭する時期まで続き、ドイツ・カトリック教会がナチ党と話し合いの場を持つようになったのは、ようやく法王庁と第三帝国との間でコンコルダートが調印された一九三三年七月二十日以後のことであった。

3　群小宗教

さまざまな群小宗教の権利もまた、ほかの宗教と同様に、憲法によって保証されていた。群小宗教のなかには、さまざまのキリスト教系の宗派（モラヴィア教徒、バプテスト、メノー派、エホバの証人等）のほかに仏教、マズダ教、ヘルマン・カイゼルリング主宰のダルムシュタット賢人派などがあり、さらに神秘主義やオカルト主義の熱烈な信者を集めるさまざまの新興宗教までが含まれていた。当時のドイツでは、神や宗教や信仰への侮辱行為は刑事罰が科せられることとなっていたので、無神論者の数は極度に少なかった。

一方、ユダヤ教信者はどうだったかというと、ユダヤ人そのものの出生率が低下しつつあったことと、ユダヤ人のなかにはドイツ人に同化することを望んでキリスト教に改宗するものが多かったところから、ユダヤ教信者の人口に占める比率は低下する傾向にあった。ちなみに一八八〇年に人口の一・〇九パーセントいた《ユダヤ教信者（Glaubensjuden）》は、一九二五年の調査では、数にして五六万四三七九人、率にして〇・九パーセントに低下していたし、一九三三年には、それが〇・七六パーセントにまで低下していた。ドイツのユダヤ教には、次の三つの特徴があった。まず第一が、信者が特定の地域に集中していたことで、具体的には信者の八一パーセントがプロイセン、ザクセン、バイエルン、バーデンの四州と、大都市に集中するというありさまであった。ベルリンには一七万三〇〇〇人のユダヤ教徒が住んでおり、これはドイツのユダヤ教徒全体の三分の一を占める数であったし、ハンブルクには二万人、人口の一・八パーセントに相当するユダヤ教徒が住みついていた。全体としてユダヤ教徒のうちの三分の二が人口一〇万人以上の都市に居住し、しかもそれが特定の地域に密集していた。二番目の特徴は、前述したような理由から、信者の数が減少傾向にあったことである。一九二〇年から一九三〇年までの十年間に、ユダヤ人のうちの一七パーセントがドイツ人の異性と結婚しており、その結果、そのユダヤ人がユダヤ人社会から離脱したばかりでなく、その子もキリスト教の洗礼を受けることとなったのである。三番目の特徴は、いわゆる〈東欧系ユダヤ人（Ostjuden）〉の移民流入によって、ユダヤ人人口の目減り分が埋め合わされるという現象が起こったことである。一九三三年現在、東欧ユダヤ人の人口は一〇万人近くに達しており、これはユダヤ人社会の人口の一九パーセントに相当する人数であった。そんなわけで、ヴァイマル体制下のユダヤ教の性格はきわめて多様性を帯びていて、思想上、宗教上の考えの違いから、ユダヤ教そのものがいくつにも分派しているというのが実情であった。一九二五年二月のベルリンでの地方選挙では、正統派ユダヤ教徒、自由主義派、中央派、民衆派シオニスト、社会主義シオニストといった各派が入り乱れて選挙戦を戦うという現象も見られた。厳格な戒律のユダヤ教徒の霊的要素は、フランツ・ローゼンツヴァイク（一八八六～一九二九年）の著書『贖罪の星』（一九二九年）のなかに記されているユダヤ的神秘への回帰なる現象に典型的に示されているが、こうした厳格な戒律のユダヤ教徒の全体に占める比率は一〇パーセント程度であった。一方、一九二三年にドイツの地を離れてパレスチナにカバラを教えにいったゲルスホン・ショーレム（一八九七年ベルリン生まれ）にみられたハシディズムの伝統を受け継いだマルティーン・ブーバー（一八七八～一九六五年）は《純正ユダヤ教》を追求していたが、これに同調するシオニストの一派も、同じく全体の一〇パーセント程度を占めていたと考えられる。ドイツのユダヤ教徒の大多数が、レーオ・バエック（一八七三～一九五六年）の著『ユダヤ教の本質』（一九二一年）のなかに記されている十九世紀流の解放的自由主義の伝統を引き継いでいると自認していたことは事実であった。マルクス主義にも民族主義にも反対で、一九三〇年代の初頭まではシオニズムにまで反対の立場にあったこうした流派の考え方は、いわゆる《ヴァイマル思想》のなかにも含まれているものであり、当時存在した反ユダヤ主義と同化主義といった二重の危険（後者は文化的離反とみなされた）に対抗していくための組織的な活動を助長する原動力ともなった。そうした組織的な活動の典型が一八九三年に創立された〈ユダヤ教信仰ドイツ市民中央協会〉（Central Verein deutscher Bürger jüdischen Glaubens, CV）で、この協会は、そのころ会員七万人と、ドイツに住むユダヤ人の八〇パーセント近くを糾合するに至っていた。ただし東欧ユダヤ人のうちの少数者、とくに若年層だけは極左陣営に属しており、ドイツ系ユダヤ人のうちの少数派は、正式の民族主義団体に受け入れられなかったところから、いくつかの独自の団体を創設していた。マクス・ナウマン博士の主宰する〈ドイツ国家主義ユダヤ人会〉〈ユダヤ系在郷軍人同盟〉（Reichsbund jüdischer Front soldaten）〈ユダヤ教信仰学生連合〉（Kartelle Convent deütscher Studenten jüdischen Glaubens）などがそれで、これら諸団体のいずれもが、東欧系ユダヤ人とははっきりと一線を画しながら、独自の出版物や自衛行動で反ユダヤ主義的攻撃に反撃してドイツの愛国者としての自己の名誉を守っていた。以上にあげた諸流派と同様に、シオニスト運動もまた、独自の組織であるドイツ・シオニスト同盟（ZIionistische Vereinigung für Deutschland, ZVFD）なる機関を持っていて、その傘下には、専門機関としてＷＩＺＯの先駆者、青年団、パレスチナ移民あっせん所などがあり、運動に固有の新聞も発行していた。

Ｖ　学界および大学人の分裂

１　初等教育

帝政下に幅をきかしていた地方独自主義、宗教上の分権、権威主義といった考え方への反動もあって、ヴァイマル憲法では、教育制度の全体的な原則を定める権利を政府が握り、各州にはその原則を実行に移す権限が与えられていた。ヴァイマル憲法の一四二条から一五〇条の規定では、六歳から十四歳までの子供に公立学校（Volksschule）で無料で義務教育を授けることが定められており、さらに必要とあれば高級学校（Fortbildungsschulen）で十八歳まで教育期間を延長することも可能であるとされていたほか、技術習得を希望する男女にはパートタイムで教育を施すことも定められていた。こうした規定に基づいて用意された基本原則は、身分や財産に関係なく、誰もが入学できる学校（Einheitsschule）を原則とするものであったが、そのような原則は、もともと各人の思想上もしくは信仰上の立場の相違とは相容れない性格のものであった。

社会民主党は自由主義勢力（ドイツ民主党、ドイツ人民党）とともに、宗教とは無関係の学校制度を望んでいたのに対し、中央党は、保守勢力（ドイツ国家人民党）に支持されて、あくまでミッション・スクールに固執する立場をとっていた。この問題をめぐる激しい論戦は三回（一九二二年六月、一九二五年九月、一九二七年七月）にわたって議会で繰り返された末、一九二八年二月にブルジョワ政党から成る連立政権が瓦解して、議会が解散に追い込まれるという一幕もあったが、この問題には究極的には妥協による解決が図られることとなった。憲法に規定された基本法の制定を中央政府が断念したのである。憲法第一四六条は、両親に自分の宗派の地元の学校に子供を通わせる権利のあることを認めていた。さらに第一四九条では、宗教と無関係の学校を除き、宗教教育を必修科目とするとの規定が盛り込まれていた。バーデン、ヘッセン両州には、いくつかの宗派にまたがる学校が例外的に存在したが、憲法の臨時条項（第一四七条）は、こうした特殊事情をも容認していた。

憲法のなかに以上のような条項が盛り込まれていたところから、次の三つの型の公共施設としての学校が設けられることとなった。一つは宗派別のミッション・スクール（Bekenntnisschulen）、もう一つは非宗教学校（Sammelschulen）、残る一つは、いくつかの宗派にまたがるミッション・スクール（Simultanschulen または Gemeinschaftsschulen）であった。

一九二一年から一九二二年にかけての時期に存在した五万二七六三校の地域学校のうち、プロテスタント系の学校が全体の五五パーセント、カトリック系が二八・四パーセント、いくつかの宗派にまたがるミッション・スクールまたは宗教とは無関係の学校が一六パーセント、ユダヤ系の学校が〇・四パーセントといった比率であった。こうした分布状況は、その後、宗教と無関係の学校が二八九校に集中統合されたことと、ユダヤ系の学校の数が半減したことを除くと、ヴァイマル体制の終焉まで、ほとんど変わることがなかった。そんなわけで共和国政府は、学校制度への監督権こそ保持し続けたものの、国土の分裂状態を解消する手立てにしようとした〈宗教、身分、財産に関係なく誰でもが通える基礎的な学校〉を設けることは、ついぞできなかった。このような状況のなかで、学校委員会に代表を送り込む法的権利を保持していた「父兄会」(Elternbeiräte)が、ミッション・スクールのなかの圧力団体に急速に変容していったのである。ちなみに学校委員会とは、学校長を支援するための、発言権をもった機関であった。いずれにせよ、こうしてできたミッション・スクール内の圧力団体は、もともと宗教とは無関係の地方政府や地域行政機関とは必然的に衝突せざるをえない立場に置かれていた。そうした衝突事件は、ザクセン、チューリンゲン、バイエルンといった諸州の州政府が学校の脱宗教化を策していた共和国初期の数年間に、とくに多発している。のちには、宗教教育の質が充分に高いものでないとの理由で、学校のストライキまでが発生するようになる。とくにプロテスタント系の学校で多く見られた現象だが、宗教教育が師範学校や大学を出た教師によってなされることがしばしばで、その際、教育の内容は教師がかつて受けた教育の内容をそのまま受け継いだものである場合が多かった。教師の四分の三を糾合する〈ドイツ教員協会〉は一九二七年に、協会としては、いくつかの宗派にまたがる形のミッション・スクールに賛成である旨の決議をしている。ヴァイマル体制下を通じて、教員の生活状態は、全体として、ほとんど改善の跡が見られなかった。教員の俸給は地方政府によって支払われる仕組みになっていたが、その額は、自由競争の原理に従って、かなりのバラツキがあった。教員の徴募は、新聞を媒体としてなされ、採用には各市町村の同意を必要としたが、一般のミッション・スクールといくつもの宗派にまたがるミッション・スクールの場合には、教会当局の同意をとりつける必要があった。

女性教員の置かれている状況は、男性教員の場合よりもいっそう、劣悪であった。一九二〇年制定の学校法は、女性の権利は男性と平等であると認めていたが、にもかかわらず、採用の際の条件は、以前同様、差別的であった。一九三一年現在、プロイセン州内には三万二九〇六校の公立学校があったが、そのうち女性教員を雇っている学校は全体の二五パーセント程度でしかなく、校長が女性である学校に至っては、わずかに四五校しかなかった。もっと隠微な差別もあった。女性教員は、独身であることをなかば強要されており、既婚女性は多くの場合、担当授業時間を減らされた。したがって既婚女性は独身女性にくらべて一〇パーセントないし二〇パーセントも少ない給与に甘んじざるをえなかったが、その独身女性にしても、すでに男性の同僚よりも平均三〇パーセントも少ない給与しか与えられていなかったのである。一九一四年以前に存在した各種の婦人団体（その幹部の大部分が教育界出身者だった）が教育部門での婦人の権利を獲得するために本気で闘っていた事情を思い起こすとき、ヴァイマル体制下の女性教師の惨状は、なんたる矛盾であったろうか。

教育に関していえば、その制度はともかく、その内容は、それまで同様、一口に保守的といっていい種類のものであった。教育のなかでは、《生を受けた土地》（heimatliches Volkstum）への定着なる概念が強調された。ローベルト・ミンダーの言によると、学習指導要領のなかには、魂の生命とか、ドイツの自然への愛情とか、家庭、仕事、愛国心などの尊さとかを主要テーマに、《閉鎖的で独善的な》の内容がふんだんに盛り込まれていたそうである。ヴァイマル体制下の教育が理想としていたのは、国内のあちこちに小都市が分散して存在し、農民たちが理想的な生活を送っているといった古風な世界であった。歴史の教科書もこの趣旨を汲んだもので、昔ながらの田園生活を理想化してほめたたえ、近代的な世界に特有の多様な文化にも、科学・技術の発展にも一顧だに与えないといった内容のものであった。

2 中等教育

中等教育は従来通り、いくつもの宗派にまたがるミッション・スクールにまかされることとなった。そうしたミッション・スクールでは、別編成のクラスで宗教教育が必修として行なわれ、両親が宗教教育の免除をわざわざ頼み込んできた生徒（めったにいなかったが）だけが例外扱いされた。学費を必要とする中等教育は、ヴァイマル共和国の全時代を通じて、大きく普及することはなかった。有償の中等教育機関に通う生徒の数は、帝政時代には就学人口の四・二パーセントだったのが、一九三一年から一九三二年の時期に五・二パーセント、人数にして七八万八〇〇〇人程度と、わずかに増えた程度であった。女生徒の数は、全体の三分の一ほどでしかなかった。初等教育の場合と同様、中等教育についても、さまざまの論争が絶えなかった。フランスと違って、ドイツの高等学校には哲学のクラスがなかったので、社会民主党出身のプロイセン州文相は、高等学校の最上級の二年間の課程に週一時間の《哲学の授業》を導入しようともくろんだが、結局、この計画を断念せざるをえなかったのも、そうした論争の結果であった。文相は、プロテスタント系の保守主義者たちの反対にあっただけでなく、ベルトラム枢卿卿から も強く反対された。カトリック教会指導部の官房長といった立場にあったベルトラム枢機卿は、カトリック教独自の中等教育機関を全国各地に創設する用意があるといっておどしをかけてきた。そのようないきさつがあった末、高等学校での哲学の授業の導入は、結局、見送られたわけだが、その結果、一部の家庭では子弟をベネディクト修道会やイエズス会修道士で有名な中学校（ザンクト・ブラージエン、ビューレン、ゴーデスベルク、エトタール）に通わせるといった現象も見られた。

全体としてみた場合、中等教育も、初等教育の場合と同様、保守的な性格を温存したままで、ヴァイマル共和国成立前の歴史をとくに重視する姿勢を見せていた。どの教科書を見ても、最後の部分は必ずといっていいほど《背後からのあいくち》の話と、ヴェルサイユ条約に基づく《恥ずべき平和》（Schandfriede）のテーマで締めくくられていた。中等教育のコースには、大きく分けて二種類があった。一つは〈実科学校〉（Realschulen）で、このコースでは十六歳になると〈熟練者としての証明書〉（Zeugnis der mittleren Reife）が授与されることとなっていた。もう一つのコースは、一口に〈高等学校〉と呼ばれる課程で、この課程は〈古典専攻高等学校〉（Gymnasien）、〈実科高等学校〉（Realgymnasien）、〈技術高等学校〉（Oberrealschulen）、〈女子高等学校〉（Lyzeen）といった種類に分かれていた。これら各種の学校はすべて、八年ないし九年の課程を終えたものに、高等教育を受けるためには欠かせない「大学入学資格」（Abitur）を与えることとなっていた。

3　教育復興と青年運動

万事が周囲に順応するだけの画一的な社会のなかにあって、上からの押しつけでない自由な教育を求める運動だけは、フランスでのフレネの実験に三十年も先立って、ドイツでは公式の学校教育制度とは無関係の場で展開されていた。自由教育の発案者たちはいずれも、青年運動（Jugendbewegung-Wandervogel）の出身者であった。すでにヘルマン・リーツの薫陶を受けたその弟子たち、グスタフ・ヴュネケンとパウル・ゲヘープの両人は、自由な教育機関を初めて創設していた。ヴュネケンのほうは一九〇六年にヴィケルスドルフ（チューリンゲン）に、そしてゲヘープは一九一一年に、自由主義エリートの真の養成機関として名高い、かのオーデンヴァルト学校を創設していたのである。一九一八年に共和制が宣言されるとすぐに、国内のあちこちで反権威主義の教育を発議する動きが澎湃として起こった。ベルリンでは高校教師パウル・エーストライヒが〈学校制度刷新協会〉のなかで活発な活動を展開し、この機関を介してベルリン、ハンブルク、ブレーメン、イエナなどの各都市に自由主義の教育機関が設けられた。シュトゥットガルトでは、人智学の立場にある教育学者、ルードルフ・シュタイナーが〈ヴァルドルフ学校〉を設立した。この学校は、タバコ業界の大立て者、ヴァルドルフ＝アストリアからの出資金で運営されていた。自由な教育制度といっても、充分な経験を積むだけの余裕がなかったので、多くの若者たちに影響を与えることができず、若者たちの多くは、受け身になるか、個人的反抗を試みるか、さもなければさまざまな青年運動のなかに呑み込まれてしまうかのいずれかであった。

ベルリンの一教員、カール・フィッシャーが一九〇一年に創設した絶対自由主義の青年運動組織は、すべての政党と無関係ながら、一九一三年には約二万人の加盟者を集めていた（そのうちの多くが第一次世界大戦の際に死亡した）が、この組織は一九二六年に〈ドイツ義勇団〉に脱皮したのはいいのだが、一九三二年現在の団員は、もはや八〇〇〇人を数えるのみとなってしまっていた。この組織にかわるものとして、スカウト組織（Pfadfinder）が結成されたが、この組織も、中世の神話や、民族主義や、指導者への個人崇拝や、位階制の神聖化などをあまりにも重視していたので、国際スカウト連盟への加盟を拒否される始末であった。若者を政治に使おうとする傾向も強く、各政党とも次のような独自の青年組織を設けていた。

政党	組織名		加盟人員
ドイツ共産党	赤色青年戦線	一九二八年現在	二万二五〇〇人
社会民主党	少年団（十六～十八歳）	一九三〇年現在	二三万人
	青年団（十八～二十五歳）	一九三〇年現在	四八万五〇〇〇人
中央党	防風同盟	一九三三年現在	四万人
ドイツ人民党	ビスマルク青年団	一九三〇年現在	四万人
ドイツ国家人民党	前進の友	一九三〇年現在	三万人
	青年鉄兜団	一九三〇年現在	一〇万人
ナチ党	ヒトラー青年団	一九三二年末現在	一〇万八〇〇〇人

以上のほかにキリスト教系の組織として、一七〇万人の加盟者を誇る〈ドイツ・カトリック青年団〉、それに合計すると一一〇万人の加盟者となるプロテスタント系の各種の運動体があり、それらを加えると、組織化された青年層の数は、左翼にくらべ、右翼系のほうがはるかに多かったことがわかる。

青年層を左右両勢力の間でできるだけ均衡のとれた形で組織化しようとの意図から、あちこちに〈生涯学習学院〉という機関が設けられ、それを介して貧困家庭出身の若者を動員しようとの試みもなされた。企業内では見習い工は週五日、一日一〇時間労働という制度が法によって規定され、熟練工にはこれよりいくらか好条件が認められていたが、そうした規定が完全実施されるまでの猶予期間として四年が想定された。生涯学習学院の努力がいくらかでも功を奏しえたのは、せいぜいその四年の猶予期間中だけにすぎなかった。将来、政界もしくは労働界の中堅幹部をめざす者たちにとっては、事態はまだしも良好であった。というのは、国内の大都市の大部分に、州政府からの補助金で運営される養成機関が設けられていて、政界や労働界の中堅幹部をめざす若者たちはそこで、労働法や憲法、行政法などの手ほどきを受けることができたからである。一九二〇年にベルリンに設けられた〈政治学高等学院〉は、入学の際になんの資格も必要としなかった。フランクフルト・アム・マインにあった労働アカデミーには、さまざまな職場からの代表が研修生として学んでいた。こうしたさまざまの教育機関のうちの大部分は社会民主党により主宰されていたが、一方で共産党もこれに負けじと、伝統を復活させて〈人民大学〉や〈マルクス主義労働者学校（Marxistische Arbeiterschulen）〉のたぐいを開校した。当初、ヘルマン・ドゥンカーにより主宰され、のちに小説家アナ・ゼーゲルス（一九〇〇～一九八三年）の夫、ヨハン・ローレンツ・シュミットを学長に戴いたベルリンの人民大学では、聴講生の数が一九二六～一九二七年の一五〇〇人から一九三〇～一九三一年には四五〇〇人にまで激増するという現象もみられた。ベルリンの人民大学では、さまざまの著名人、たとえば哲学者のゲオルク・ルカーチュ、経済学者のユルゲン・クチーンスキー、建築家ではヴァルター・グローピウス、ブルーノ・タウトの両人、作曲家ハンス・アイスラー、演出家エルヴィーン・ピスカートルらが夜間授業に出講していた。受講者のなかにはベルトルト・ブレヒト（一八九八～一九五六年）もいて、『資本論』講読の手ほどきを受けていた。しかしながら、こうした革新的な啓蒙活動も、あらゆる段階の教育課程、とくに国の中堅幹部養成をめざす高等教育の過程に巣食う保守勢力の影響力の前には、影の薄いものでしかなかった。

4　大学および高等専門学校での反共和主義の風潮

帝政時代と同様、ヴァイマル共和国にも二三の大学が存在した。ヴェルサイユ条約に基づいてシュトラスブルク、ポーゼンの両大学が失われたが、一九一九年にハンブルク大学が創設され、ケルンの大学が復活したので、大学の総数は変わらなかった。新憲法の第一四九条は、政教分離の原則に堂々と違反して神学部の存続を認めており、大学の法的地位は以前と変わらなかった。ただ一つ、大きく変わったことといえば、学生の数がいちじるしく増加したことで、一九一三〜一九一四年に七万二〇六四人（大学五万九二六三人、高等専門学校一万二八〇一人）だった学生数が、一九三一〜一九三二年には一一万七八一一人（大学九万五二七一人、高等専門学校二万二五四〇人）に増加していた。六四パーセントにものぼる学生数の増加は、主として社会、経済、科学、技術といった部門が重要視されるようになったことに起因するものであった。学生数の増加に伴って教育の民主化が促進されたことは争えない事実であったが、それが共和国にとって好ましい方向であったかとなると、必ずしもそうとはいえなかったのである。

《ホワイトカラーのプロレタリア化》という現象のなかにあって、物資が豊かにあるわけでなし、将来の希望もあったわけではなく、主要な高等教育機関は長老たち（Alte Herren）に支配されていて、保守的な風潮がみなぎっているうえ、教授団の大部分が国家主義のとりこになっているというのが当時の状況で、その結果、学生たちはいや応なしに右翼陣営、ひいては極右陣営に走らざるをえないありさまであった。それゆえ、一九一八年から一九二〇年にかけての時期に、大学は、多くの志願兵を各種の義勇軍に供給する役割を果たした。そのうちカップ一揆に参加した学生および大学人は、合計五万人にも達した。プロテスタント系神学、ドイツ学、法律、医学といった一部の学問分野では、現代的な学問分野（社会学、心理学、工学など）におけるよりもいっそう激しい国家主義の台頭がみられ、インフレーションの蔓延によって、そうした国家主義はいっそうの高揚をみるに至った。それでも現代的な学問分野が主力をなすハイデルベルク、フランクフルト・アム・マインの両大学では、他の大学にくらべて、より民主主義的な気風がみなぎっていた。

大学学長は教授間の互選により選ばれていたが、学長のうちの大部分が保守的な立場にあった。若手の大学人が、続々と大学に参加するようになったにもかかわらず、大学内が旧態依然とした状況にあったのは、新たな大学人が、既存の大学人によって募集され、採用されていたからにほかならなかった。一部の自由主義的な教授たち、たとえば歴史学者のフリードリヒ・マイネッケ、ハンス・デルブリュック、社会学者のマクス・ヴェーバー、カール・マンハイム、哲学者のカール・ヤスパースらは共和制政府に協力することをしきりに称揚したが、そうした言動は、議会制自由主義を敵視する大部分の教授連との衝突を招くことになったのである。

新憲法（第一四二条）によって保証されている教育の自由を利用して、多くの教授たちが、学生たちの間に反共和主義の思想を伝播するよう努めた。そのようなわけだから、民主主義や平和主義を信奉する教員や学生、ユダヤ人の教員や学生たちがいやがらせを受けたり、ボイコットされたりしたのも当然で、これとは対照的に、人種主義者、国家主義者の教員や学生は、なんら罰せられる恐れなしに、思う存分、示威行動をすることができた。信条による差別は、女性に対してもなされた。男女両性間の平等は法の認めるところだったにもかかわらず、高等教育を受ける女性の比率は、論ずるまでもないほど低かった。一九二六年に例をとると、高等教育を受けることのできる若い女性が二五〇万人以上いたにもかかわらず、実際に高等教育機関で学んでいるのは八五〇〇人にすぎなかった。同じ時期に、高等教育機関の教員および研究者は六五〇〇人いたが、そのうち女性の数はわずかに五〇人程度でしかなかった（一九三二年には七四人になる）。そうした女性の大部分は、とくに科学の分野で、たぐいまれなる潜在能力を発揮することによって、さまざまな障害を乗り越えたのである。一九二三年には、マルタ・フォン・ヴァンゲルなる女性が、女性としては初めて農学研究所の生物学教授の資格を手にしている。医学の部門でも、パウラ・ヘルトヴィヒという名の女性が、カイザー・ヴィルヘルム研究所で遺伝学の教授をつとめていた。一九二七年に〈女性大学人協会〉を創設したローダ・エールトマンは、女性ながらベルリンの有名な慈善病院のガン科の医長をつとめていた。このような女性の社会への進出は、この時代のどの工業国にもほとんど共通して見られた現象であるが、ドイツの場合には、古風な習慣ともいうべき大人になるためのさまざまの儀式（ビールの洗礼、国旗の保持、年長者による保護監督、決闘など）がそれぞれの青年団や学生組合のしきたりに従って相変わらず実行され、そうした行為に男性優位の考え方が無条件に付与されていたことが、他の工業国とは趣を異にしていた点だったのである。

第五章　前衛文化と大衆文化

世に《黄金の二〇年代》と呼ばれる十年間は、世紀の初めに生じた近代化の方向を以前にも増して自由に前進させようとする前衛運動と、予期せぬ戦争と敗戦の結果を理解できずに茫然自失の状態にある民衆のうちの大部分との間にある深く、かつ危険なギャップを隠す役割を果たしていたというのが現実であった。輝くばかりの《ヴァイマル文化》を真に価値あらしめたのは、なんといっても首都ベルリンに集中して現われた（若干のめだつ例外はあったものの）その担い手たちの質の高さであったが、そのほかに、それまでの職人的な文化の探究から脱皮して、多くの場合、大学の外部で、しかも研究所、協会、サークルといった機関のなかでのチームプレーによる文化活動が盛んになったこと、コミュニケーション手段の進歩と、アメリカからの資本投下によって経済が飛躍したのを背景に、外国との文化交流の道が開けたことなどがヴァイマル文化に輝きを与えた要因として挙げられる。

I　研究活動の進展

1　精密科学の分野

次のような、すでに名の知られた物理学者たちのおかげで、カイザー・ヴィルヘルム研究所の国際的な名声は相変わらず維持されていた。量子理論で一九一八年にノーベル賞を受賞したマクス・プランク（一八五八～一九四七年）、スペクトル線の研究で一九一九年にノーベル賞を受賞したヨハネス・シュタ－ク（一八七四～一九五七年）、アルバート・アインシュタイン（一八七九～一九五五年）、以上にあげた物理学者たちの弟分ともいうべき存在で、一九三二年にノーベル賞を受賞した量子力学の専門家、ヴェルナー・ハイゼンベルクら。一方、物理および数学の新しい研究所として設立されたゲティンゲン学院では、ヘルマン・ヴァイル（一八八五～一九五五年）を取り囲む形で、公理論の開祖の一人で、ノーベル賞受賞者のダーフィット・ヒルバート（一八六二～一九四三年）をはじめ、いずれもノーベル賞受賞者であるマクス・ボルン（一八八二～一九七〇年）、ジェイムズ・フランク（一八八二～一九六四年）、光波の理論家グスタフ・ヘルツのほか、ノーベル物理学賞と平和賞の双方を受賞したアメリカ人ライナス・ポーリング（一九〇一年生まれ）、のちにアメリカの物理研究陣の最高峰となるロバート・ジュリアス・オッペンハイムらを含む国際的な研究チームまでもが共同研究に参加していた。こうした国際的な関係は、のちに三〇年代に入ってドイツの物理学者たちが亡命を余儀なくされる際に、弟子たちが師を迎え入れるという形で実を結ぶこととなる。一方、化学は、十九世紀以来、ドイツの独壇場といっていい部門だったが、そのころも相変わらず発展を続けており、その証拠に、一九一八年から一九三一年までの間に六人のノーベル賞受賞者を出している。その六人とは、低温の専門家ヴァルター・ネルンスト（一八六四～一九四一年）、それに内燃機用燃料のアンモニアの工業用合成の研究者フリッツ・ハーバー（一八六八～一九三四年）、カール・ボッシュ、ハインツ・フィッシャー、フリー合成を研究しつつあったアードルフ・ブーテナント、ドリヒ・ボルギウスといった人びとであった。そのほかにもドイツの化学者としては、いずれも後にノーベル賞受賞者となるウラン核分裂の研究家オットー・ハーン（一八七九〜一九六八年）、巨大分子の専門家ヘルマン・シュタウディンガー（一八八一〜一九六五年）、性ホルモンの研究から始めたアードルフ・ブーテナントらがいた。医学の部門でも成果があり、これもノーベル賞受賞者で生理学者のオットー・ヴァールブルク（一八八三〜一九七〇年）、オットー・マイヤーホーフ（一八八四〜一九五一年）両人がとくに傑出した存在であった。また天文学でも、ヴァルター・バーデ（一八九三〜一九六〇年）が小惑星ヒダルゴを発見したことと、イエナに〈ツァイス・プラネタリウム〉を設立したことで世界の注目をひいた。

2　人文科学

人文科学の部門では、全体として両極端の説が対立する形で存在したことが、他の部門に比しての特徴であった。一例を挙げると、正史の作成に際して、ビスマルクを賛美する立場の人びと（エーリヒ・マルクス、ゲオルク・フォン・ビューロ、ディートリヒ・シェーファーら）と、帝政下の国家のありように批判的な立場の論客たち（フリードリヒ・マイネッケ、ヘルマン・オンケン、オットー・ヒンツェら）との間の論争が大きな比重を占めた結果、経済史、社会史の部分がおろそかになってしまったのである。もっともこれには、経済史や社会史が、左翼系の歴史家にもあまり積極的に取り上げられなかったという事情もあった。同じ歴史でも、美術史だけは活気があり、ヴィンケルマンが、画家デューラーに〈ディナル族の血〉が流れているかどうかの詮索で道草を食いながらも、十八世紀以来、進められてきた研究を、この間、一段と進める役割を果たした。スイスの学者であるハインリヒ・ヴェルフリーンとリヒャルト・ゴルトシュミットが様式の研究を一歩進めたのに対し、帝政時代に銀行家ヴァールブルクの手で設立されたヴァールブルク研究所の研究チームは、北方芸術と地中海芸術との関係を探究しながら、その間に、それまでは比較的顧みられることのなかった神話とか神秘学の研究に先鞭をつけている。O・H・ヴァールブルク、エルヴィーン・パノフスキ、F・ザクセルらの業績は、心理学者たちの興味をそそったばかりでなく、神秘思想と象徴形式に関する金字塔的な著作（Philosophie der Symbolischen Formen, 全三巻、一九二三～一九二九年）のあるエルンスト・カシーラー（一八七四～一九四五年）ら、美学の専門家たちの注意をもひいた。

ドイツの哲学は、多くの流派に分かれているのが特徴である。カシーラー、教育の理論家パウル・ナートルプ、法哲学者ハンス・ケルゼンといった新カント学派の哲学者が新ヘーゲル派の哲学者たちと、なんの不思議もなく共存しているのが実情であった。一九三〇年に創設された国際ヘーゲル協会は、その翌年にベルリンで第一回大会を開いた。ハンガリーの革命臨時政府で文化相となり、ヴィーン、ついでドイツに亡命したゲオルク・ルカーチュ（一八八五～一九七一年）は、『歴史と階級意識』発表後、《党の規律》で三十年近くもの間、文芸批評の分野に閉じこもることを甘受したが、もう一人の左翼系ヘーゲル哲学者で、一九二三年に『マルクス主義と哲学』を発表したカール・コルシュのほうは、あらゆる学問を勘案したうえで到達した独自のマルクス・レーニン主義の理論を構築しながら、それを信仰のようにあがめるといった姿勢をとることは拒否した。いくらかは柔軟性があったものの、これと類似した態度をとったのがエルンスト・ブロッホ（一八八五～一九七七年）と、その仲間のヴァルター・ベンヤミーン（一八九二～一九四〇年）で、後者はパリに亡命中に自殺するまで世に知られていなかったが、今日、その存在は広く認められている。こうした哲学者たちの百科事典的知識と、ユダヤ教的発想による救済者待望主義の考えは、共産主義的還元主義とはまったく相いれないものであった。最も影響力があり、かつ最も新しい思想的潮流であるエトモント・フッサール（一八五九〜一九三八年）の〈現象学〉は、現実を厳密に分析しようとするものであり、それは《実存主義的な》弟子たちに引き継がれて、いっそう急進的な《存在の科学》にまで昇華するに至った。弟子のうちの一人、カール・ヤスパース（一八八三〜一九六九年）（ヤスパース自身もハナ・アーレント〔一九〇六〜一九七六年〕を弟子として育てた）と、もう一人の弟子マルティーン・ハイデガー（一八八九〜一九七六年）は、ともに実存主義者と呼ばれるのをきらったばかりでなく、二人ははっきりと異なった道を歩んだのだが、それでも二人とも、伝統的な受容の態度に従えば、自由は死とともに始まるものであると推論しており、ただし、そのことによって人間存在に残されるものは何かといえば、それは、ヤスパースによればキルケゴールのいう悲劇的論理であり、ハイデガーの説ではニーチェ流の英雄主義にほかならないというのであった。いずれにしても、このような哲学は、展望のない学生たちを恍惚とさせる性格のものであって、フライブルク・イム・ブライスガウ大学でのハイデガー（その著『存在と時間』は一九二七年に発表された）の講演は押すな押すなの盛況であった。それから六年後に、この同じ大学で、学長となっていたハイデガーは、血と土の美徳を称揚することとなるのである。

3　社会科学の部門

それまではどちらかといえば無視されていた心理学が、この時代になって新たに興味をひく学問となっていた。マクス・ヴェルトハイマー（一八八〇〜一九四三年）の運動視の実験や、ヴォルフガング・ケーラーのチンパンジーの行動に関する実験が世人の関心を呼んでいた。こうした実験こそが、三〇年代心理学の主流の一つとなるゲシュタルト理論（形態心理学）の発展を促す呼び水の役割を果たしたのである。これとは対照的に、ヴィーンとブダペストから引き継がれて、いまやベルリンで花開いた観のある精神分析は、《学問の冒瀆》であるとされ、右翼からも極左からも総すかんを食っていた。にもかかわらず、フロイトの側近の一人だったカール・アーブラハム（一八七七〜一九二五年）はマクス・アイティングトンと組んで、一九二〇年に精神分析診療所の第一号を開設したが、この診療所は四年後に〈ベルリン研究所〉に改組され、これには〈国際精神分析協会〉の出版部と、不順応神経症の専門家シャンドール・ラド指導下の運動の機関誌が参加するようになった。アーブラハムは若くして死んだにもかかわらず、二世代にわたって精神分析医を育てるだけの時間はあり、育てられた精神分析医のなかにはラドをはじめ、テーオドール・ライク、ストレイチ家のエトヴァルト、ジェイムズ兄弟、ヘレーネ・ドイッチュ、エルンスト・ジメルらがいた。ベルリン派の資格所有者第一号だったフランツ・アレクサンダー（一八九一〜一九六四年）は、のちにフロイト系正統派から離れて、アルフレート・アードラーのヴィーン派に加わった。それと同様に、ノルウェー出身の女流学者カレン・ホルナイ（一八八五〜一九六四年）も、フロイト派の仲間たちの《男性中心主義》に異を唱えて、女性および幼児の性欲についての研究を中心に据えた独自の学会を創設した。もう一人、フロイト派に反旗をひるがえしたヴィルヘルム・ライヒ（一八九七〜一九五七年）は、『ファシズムの大衆心理』（一九三三年）を刊行したゆえに心理学会および共産党の双方から除名となった。『ファシズムの大衆心理』は、ベルリンのスラム街での実践活動の成果であり、ヒトラーによる独裁制が出現する前夜におけるドイツの諸悪についての最も明晰な検証の書でもあったが、ライヒはヒトラー体制下に、アメリカ合衆国に亡命せざるをえなくなる。

異分子追放の動きは、さらにいっそう強められ、その結果、マグヌス・ヒルシュフェルト博士の〈性行動研究所〉がやり玉にあげられるようになった。ヒルシュフェルト博士製作の映画『他人と違ったやり方で……』は、同性愛を弁護する内容の作品であったが、この映画は大反響をひき起こし、博士自身、講演中に暴力行為の対象とされる身となった。

　ユダヤ化していると見なされていたこれら新しい各学派のメッカともいうべき〈社会研究所〉」（Institut für Sozialforschung）は、のちにフランクフルト学派と呼ばれるようになるが、この学派の長老たちともいうべきゲオルク・ジメル（一九一八年没）、マクス・ヴェーバー（一九二〇年没）、エルンスト・トレルチュ（一九二三年没）、マクス・シェーラー（一九二八年没）（これら長老たちの業績は、ヴェルナー・ゾムバルト、フェルディナント・テニエスらの業績をひき合いに出すまでもなく、その大部分が一九一四年以前に世に出ていた）らが先鞭をつけた〈文化批判〉を追求したのが社会研究所、もしくはフランクフルト学派だったのである。とはいえ、この学派の物の見方が他と大きく異なっていたのは、この学派がマルクス主義的人道主義を標榜していたからであり、このマルクス主義的人道主義こそが、人間存在の社会・経済的疎外の研究と、フロイトのいう無意識の研究とを両立させる性格のものであった。哲学者のカール・マンハイム、テーオドール・W・アドルノ（一九〇三～一九六九年）、マクス・ホルクハイマー（一八九五～一九七三年）、ヘルベルト・マルクーゼ（一八九八～一九七九年）らが、フロム夫妻ら精神分析学者、レーオ・レーヴェンタール、ジークフリート・クラカウアーら芸術社会学者だけでなく、法学者のオットー・キルヒハイマー、経済学者のアンリー・グロスマン、フリードリヒ・ポロック、政治学者のフランツ・ノイマンらと協力関係にあったのも、すべてマルクス主義的人道主義という共通の基盤があったからである。この時代の多くの改革者と同様、こうした学者たちも、その知名度、それにこの場合でいえば《批判理論》についての主たる業績は、六〇年代のヨーロッパに戻る前のアメリカ亡命中に円熟したものとなったのである。ヴァイマル体制下の各大学で幅をきかせていた社会学は、フロイト＝マルクス主義とはほど遠い性格のものであった。レーオポルト・フォン・ヴィーゼの対人関係分析の研究を進めたのはケルン大学であり、アルフレート・ヴェーバーの〈文化社会学〉の研究に力を入れたのはハイデルベルク大学であったが、経験論の研究はアルバート・ザロモンの家族社会学を介して前進をみ、社会階級論の研究はテーオドール・ガイガーの手で進められたのである。

II モダニズムの首都、ベルリン

革命に伴う混乱の時期と、終戦直後の《生活苦》の時期を経て、一九二三年以後、ベルリンはモダニズムのメッカとなった。人口四三〇万人のうち、六〇パーセントが職についており（そのなかには婦人の四〇パーセントも含まれていた）、全独の会社および民間資本の四分の一が集中し、電話は一二五万本、大新聞社や大出版社ばかりでなく、数々の娯楽・遊興施設にも恵まれていたベルリンは、以後、ニューヨーク、ロンドンに次ぐ世界第三位の首都として、ドイツの他の地方や諸外国、とくに中欧や南東欧から才能のある若者たちを引きつけることとなるのである。

1 音楽

文句なしにドイツの国民芸術である音楽は、国内全土に分散する五〇ほどのコンサートホールの恩恵を相変わらず受け続けていた。だが、大々的に初演が行なわれたのは、ほかならぬベルリンにおいてであった。ベルリンだけでも、三つのオペラ劇場があった。ブルーノ・ヴァルター指揮下の市立オペラ座のほか、二つの国立オペラ劇場があって、それぞれがオットー・クレムペラー、エーリヒ・クライバー両人の指揮下にあった。これら各劇場の演目のなかには、オーストリアの作曲家アルバン・ベルクの作品で一九二四年に初演された歌劇『ヴォツェック』、ダリュウス・ミヨーの『クリストファ・コロンブス』、ストラヴィンスキの『エディプス王』のほか、音楽アカデミーの作曲の教授で、ベルリン・フィルハーモニー交響楽団の指揮者だったヴィルヘルム・フルトヴェングラーとともに、第三帝国時代にも職を離れなかったまれな音楽家の一人だったパウル・ヒンデミット（一八九五〜一九六三年）の『カルディヤック』などもあった。一方、ベラ・バルトークの現代音楽や、アルノルト・シェーンベルク、アントン・フォン・ヴェーベルンらの無調音楽を音楽狂の人びとに知らしめたのはヘルマン・シェルヘン（一八九一〜一九六六年）に率いられた〈メーロス・グループ〉なる独立のオーケストラであったし、現代音楽を、つんぼ桟敷に置かれている一般大衆の手の届く所に置くよう努めたのは、シェーンベルクのドイツ人の弟子、ハンス・アイスラーであった。アイスラーは、政治カバレットの歌手たちと一緒にピアノのそばにいる姿が、しばしば人びとに見られていた。

一般大衆は相変わらずオッフェンバックやレハールのオペレッタが好きで、もっと新しいところではブダペスト出身のパウル・アーブラハムとか、ヴィーン出身で『白馬亭』の作曲者だったラルフ・ベナツキのオペレッタも大衆に好まれた。ベナツキ同様、ヴィーンからやって来た連中のなかには、舞台でも映画でも花形役者で、ベナツキのオペレッタにもよく出演したフリッツィ・マサーリや、有名なテノール歌手、リヒャルト・タウバーもいた。二〇年代のベルリンをいろどったオペレッタや流行歌の伝統を踏まえて、パウル・リンケは数々の軽妙な曲を作曲し、アポロ座やメトロポール劇場、アトミラール・パラストといった劇場から出てくる観客たちは、劇場を出るか出ないかで、早くも今きいたばかりの曲をくちずさむといったありさまであった。これらの劇場では数々の大型レヴューをも演し物としており、一九二四年にはチアー・ガールが登場し、一九二六年にはジョセフィヌ・ベーカーが出演したりもしている。そうしたご都合主義以上に便宜的だったのは、フリードリヒ・ホレンダーが女流詩人エルゼ・ラスカー＝シューラーの作った表現主義の詩に曲を付けたり、ヴァルター・メーリング、クラブント、クルト・トゥホルスキらの書いた台本を作曲したりしたことである。第一次世界大戦初期の西部戦線での殺戮戦を非難する内容のホレンダーの曲『赤いメロディー』は、一九二二年にローザ・ヴァレッティによって演奏されることになり、この曲のおかげでホレンダーは、ハリウッドのプロデューサーたちから危険な革命家とみなされることとなるが、にもかかわらず、ハリウッドのプロデューサーたちは、映画『嘆きの天使』のなかの『ローラ・ローラ』の曲の作曲家として高名なホレンダーを起用したいとの欲望を抑えきれずにいた。女とシャンパンだけを売り物にする一般のキャバレーとは異なって、夜の世界の帝王の一人、ルードルフ・ネルソンの経営する前衛的な芸術カバレット『ロケット』や『黒猫』、それに『納骨堂（カタコンベ）』『誇大妄想狂』といった名のカバレットは、いずれも、エルンスト・ブッシュ、グスタフ・ヴァンゲンハイムといった政治参加の芸術家たちの活躍の場であると同時に、サーカス、スポーツ、青春、死といった現象を遊びとしてパントマイムで演じるヴァレスカ・ゲルトのような即興演芸の花形役者たちの根城でもあった。

アメリカニズムの流行に乗って、ジャズがベルリンで熱狂的に迎えられ、その結果、エルンスト・クルシェネクは、一黒人音楽家を描いたオペラ『ジョニーは演奏し始める』を作曲した。このオペラは全独五〇の都市で上演されて大当たりをとったが、ミュンヘンでは、極右分子に底意地の悪いやじを浴びせられる一幕もあった。クルト・ヴァイル作曲の歌曲のたぐい、とくにブレヒト作の『三文オペラ』や『マハゴニー市の興亡』のなかにも、ジャズの影響は顕著に認められた。これらブレヒト作品のなかの歌曲は、芸人として定評のあるロッテ・レーニヤによっても歌われた。一九二九年の経済危機をきっかけに、アメリカの神話も崩壊することとなるが、それに伴ってアメリカの音楽や踊りの流行も下火となっていく。アメリカから来た音楽や踊りが最も大々的にもてはやされたのは、一九二八年にフランクフルトでロス娯楽会社が催した耐久ダンス・パーティーの際であった。

2 演劇

前衛運動が大手を振ってまかり通るようになったことで二〇年代に起きてきたのは、政治自体よりもいっそう熱のこもった論争そのものにほかならなかった。文士たちや画家たちの溜まり場だったロマーニシェス・カフェであろうと、あるいは新聞街の脇にあったヤーニッケ・カフェであろうとを問わず、今しがたハイカラなレストランか劇場から出て来たばかりの客たちが、多くの場合、毒をふくんだアルフレート・ケルの初日の劇評や、これまた飽くことを知らない情熱的なヘルベルト・イェーリングの劇評を、争うようにして読んでいる姿が見受けられたものである。ゲールハルト・ハウプトマン（一八六二～一九四六年）は、長生きしたおかげであらゆる思想、あらゆる政治体制にみずからを適合させることができたが、一八九〇年代には醜聞を引き起こし、弾劾される羽目におちいった。しかし、それを克服してからあとのハウプトマンは、その手になる戯曲が〈民衆舞台《フォルクスビューネ》〉の演目に加えられ、ゴルキ、バーナード・ショウのほか、ドイツの古典劇作家たちと肩を並べてその名が宣伝されるようになった。〈民衆舞台〉は一八八九年に社会民主党員らの支持で創設された大衆芸術の協会で、一九二〇年に会員八万人（一九二七年には五四万人になり、そのうちの一五万人がベルリンにいた）を数え、ドイツ全土に劇場網を張りめぐらしていた（ベルリンには二〇〇〇座席のホールを持っていた）ほか、古典を廉価で提供する出版社と、専門雑誌とを擁していた。主として俸給生活者、官吏、商人から成る一般会員は、オーストリア出身のマクス・ラインハルト（一八七三〜一九四三年）や、その弟子のドイツ人たち、たとえばユルゲン・フェーリング、レーオポルト・イェスナー、ベルトルト・フィルテルといった自信に満ちた人物たちの演出になる手堅い芝居の値打ちが、充分にわかっていた。これらの芝居に出演していたのは一群のすぐれた役者たち、たとえばヴェルナー・クラウス、フリッツ・コルトナー、ハインリヒ・ゲオルゲ、グスタフ・グリュントゲンス、エリーザベート・ベルグナー、カーテ・ドルシュ、ティラ・デュリューらで、これら名優といっていい役者たちは、当代の画家たち、なかでもオーギュスト・ルノワールの絵画のモデルにもなっている。しかし、とくに映画製作の手法を取り入れた現代的な演出法の第一人者であったエルヴィーン・ピスカトール（一八九三〜一九六六年）が、アメリカの無政府主義者たちの裁判を舞台に乗せようとしたときや、シラーの戯曲『群盗』に革命的な解釈を加えようとしたときには、〈民衆舞台〉の会員たちは一斉に反対ののろしをあげた。プロテスタント系のブルジョワ家庭の息子に生まれ、第一次世界大戦が終わるとすぐに共産党員となったピスカトールは、一九一九年にすでに〈プロレタリア劇場〉なる組織を創設して、あちこちの貸しホールで芝居を打っていた。〈民衆舞台〉での挫折で行き詰まりに悩んでいたピスカトールは、一九二七年に劇団『ピスカトール舞台』を旗揚げした。自主独立の演劇活動をめざすこの劇団は、『兵士シュヴェイクの冒険』の上演で成功をおさめたものの、創設から七カ月後に破産してしまった。ピスカトールの実験は、弟子でもあり、仲間でもあったベルトルト・ブレヒト（一八九八〜一九五六年）に引き継がれた。一九二四年に共産党に入党したブレヒトは、政治演劇をつぎつぎと演出した。そのなかには、『人には人を』（一九二六年）、『決意』（一九三〇年）、それにゴルキ原作の『母』（一九三二年）などの芝居があった。これらの芝居は、いずれも教育的な内容のもので、民衆の評判という点では他の作品、たとえば『夜の太鼓』や『三文オペラ』にくらべ見劣りがしたが、若い演出家や後進の演劇人たちに与えた影響という点では、他の作品よりもずっと存在感が大きかった。もっとも、『夜の太鼓』は、文学的には最も評価の高い作品の一つであり、二十四歳のブレヒトにクライスト賞をもたらした受賞作でもあった。表現主義演劇を引き継いだ大物たち、たとえばエルンスト・トラー（『ホープラ』『どっこい生きている』）、ゲオルク・カイザー（『夜明けから真夜中まで』『カレ地方のブルジョワたち』）、カール・シュテルンハイム（『ビュルガー・シッペル』『ズボン』）といった演出家たちにとっても事情は同じで、初めのうちは成功するものの、やがて混沌、逃避、不幸といったものを表わす舞台よりも明晰、幸福といった内容の芝居のほうをはるかに強く求める一般観客を、これらの演出家たちはうんざりさせてしまうのがふつうだった。闘う姿勢を捨てない政治演劇のなかで珍しく成功した例の一つが、堕胎権の擁護を題材とする芝居で、堕胎を施したかどで同僚の女医エルゼ・キーンレとともに逮捕された共産党員でユダヤ人の医師フリードリヒ・ヴォルフの実話をもとに制作された芝居『劇薬』（ツュアンカリ演出、一九二八年）は、両医師が釈放されたあとではあったが、ベルリンのスポーツ・パレスに二万人近くの観客を集めた。同じ題材の演劇としては、ほかにカール・クレデー作、ピスカトール演出の『悲嘆にくれる女たち』（一九三〇年）もあった。こうした作品は庶民感情を素直に表現した芝居であったが、いくら観客を集めようとも、年に一〇〇万件近くにものぼる非合法の堕胎（出生件数とほぼ同数）を生じさせている刑法第二一八条を廃止させるほどの力はなかった。一方、民族主義の演劇のほうは、アルノルト・ブロネン（『賠償』一九二六年）や、のちに第三帝国の御用劇作家でナチの作家院総裁となるハンス・ヨースト（『シュラゲーター』一九二九年）ら表現主義から出発した劇作家たちによるいくつかの試みはあったものの、反仏感情をあおるような作品はほとんどなかった。多くの大衆を夢中にさせたのは、カール・

ツュックマイヤー作のたわいのない喜劇であり、『愉快なぶどう畑』（一九二五年）や、軍服を入手してニセの大尉になりすましたベルリン郊外の靴屋の実話を劇化した『ケーペニク市の大尉』などがその代表作であった。『ケーペニク市の大尉』は、有名な喜劇役者、ハインツ・リューマンの主演で、のちに映画化されている。

3　文学

文学では、新即物主義（Neue Sachlichkeit）（この言葉は一九二三年に美術史家のハルトラウプが造ったもの）が、それまでの表現主義にとって代わっていたが、その文学のなかにも、二つの相容れない要素が厳として存在していた。この時代の文学を代表する最後の作家たちは、詩人で、のちに東ドイツの文化大臣となるヨハネス・R・ベハー（一八九一～一九五八年）の例に見られるように、共産主義作家の集団に入る（レーオンハルト・フランク（一八八二～一九六一年）、ルードルフ・レーオンハルト、アンナ・ゼーガース（一九〇〇～一九八四年））か、さもなくば医師で詩人だったゴットフリート・ベン（一八八六～一九五六年）のように、虚無主義におちいって、最後にはナチズムの《単純な力》のとりことなるかのどちらかであった。そうした一般の作家たちよりも複雑な個性の持ち主だったアルフレート・デーブリーン（一八七八～一九五七年）は、あらゆる文芸様式に手を染めた。デーブリーンは一九二一年にいったんは独立社会民主党に入党したものの、国外亡命後に社会民主党員の仲間入りをしているが、デーブリーンが近代世界のなかでの人間の孤独を人一倍強く意識していたのは、おそらく東欧から移民して来たユダヤ人の家庭で幼少時代を過ごしたことと、心理学者としての教育を受けたことに由来すると考えられる。新表現主義作家の一人としてデビューし、当時、自分自身が住んでいたアルザスで革命が挫折したいきさつを題材とした

『一九一八年十一月』という作品で自然主義に転向し、『ヴァレンシュタイン将軍』なる歴史小説を書いたあと、デーブリーンは『ベルリン、アレクサンダー広場』(一九二九年)で首都ベルリンの町の底辺にうごめく落ちこぼれの人びとの生態をみごとにとらえて見せた。この小説は世界的に評判となり、映画がトーキーになるとすぐに映画化されたが、そのあとデーブリーンは、エキゾチックな土地や古代文明を取り上げた寓意的な小説を書くようになった。一方、クルト・ヒラーが主宰したものの、短命に終わった〈知的労働者会議〉の会員だった作家たちは、一把ひとからげに扱われることを断固としてきらって、カール・フォン・オシエツキとヘルムート・フォン・ゲルラッハの主宰する〈世界舞台〉の周囲を舞い踊るような形で活躍するようになった。世界舞台は、当時、大義名分としてまかり通っていたすべてのテーマ、たとえば刑法の改正、性の解放、平和主義、国際主義といった問題について論じる場であり、なかでも花形的論客だったクルト・トゥホルスキ(一八九〇〜一九三五年)は、屈折した才気を発揮して、そのころ華やかな存在だった社会民主党員を含む古風なドイツのすべてを一刀両断にさばいていた。

しかしながら、その名が後世に残るような作家といえども、その作品は《教養あるブルジョワ階級》(Bildungs bürgertum)と呼ぶのが適当と思われる人びとにしか読まれていなかった。《精神の貴族》を自任する一部の作家たちが、たとえば詩人シュテファン・ゲオルゲ(一八七七〜一九六二年)のように、〈芸術雑誌〉の周囲に集まる専門家たちの集団のなかに閉じこもってしまうか、さもなければ、たとえばヘルマン・ヘッセ(一八七七〜一九三三年)のように、円熟した境地に遊ぶかのどちらかだったことは事実である。ちなみにヘッセは、南スイスの景勝の地テッシンに引きこもって、時代を超越した小説(『シドハルタ』一九二二年、『広野の狼』一九二七年、『ナルシスとゴルトムント』一九三〇年)の執筆に余念がなく、これらの小説によってヘッセは一九四六年にノーベル賞を授与されているだけでなく、死後、一九六〇年代の世代に高く評価されるようになった。そのほかではオーストリア出身の作家たち、たとえばヨーゼフ・ロートや、この派のリーダー格だったローベルト・ムシル（一八八二〜一九四二年）、それにドイツ表現主義の現代小説を書いていたヘルマン・ブロッホらがいたが、こういった作家たちの作品は、一九二四年に死んだフランツ・カフカの『審判』『城』といった作品が出版された一九三〇年以後になって、やっと発見される始末であった。

共和制という体制の最先端をゆく存在で、ヴァイマル体制下ではただ一人、ノーベル文学賞を授与された（一九二九年）トーマス・マン（一八七五〜一九五五年）にしても、あれだけの成功をおさめえたのは、リューベックの貴族の一家を華麗な絵巻物のように描いた『ブッデンブローク家の人びと』があずかって力あったというべきであろう。一九〇一年に出版されたこの作品は、まれに見る質の高い小説で、ヴァイマル体制下に五〇万部以上を売るという快挙をもなし遂げている。

一九一八年には、またも『非政治的人間の考察』なる著書のなかで、自由主義的なブルジョワ階級のうちの大部分の人びとが盲目的な愛国主義の感情をいだきながらも、《理性によって》共和制国家のもとに集まっているさまを説明したマンは、それでいて自身は、この上なく頑固な共和制の擁護者の一人で、それゆえに共和制が崩壊したあとに真っ先に追放されるべき人物のうちの一人に数えられていたのである。よそよそしい感じの優雅さが身上だったマンは、小説『魔の山』のなかで、スイスのサナトリウムを舞台に、病めるヨーロッパ、ヨーロッパの思想的混乱、ヨーロッパの不寛容性などの実情をあますところなく描いている。この小説の舞台となったスイスは、中立を保つヨーロッパの交差点といった感じの国であり、戦時中の数年間をアメリカ合衆国で過ごしたマンが、人生最後の歳月を過ごす場所としてこの国を選び、ここからドイツ国民に理性への復帰を呼びかけたのもむべなるかなというべきであろう。

トーマス・マン以上に左翼とのかかわり合いが深かったのが、兄のハインリヒ・マン（一八七一～一九五〇年）で、兄のほうもまた、職業小説家として、帝政時代からすでに知られた存在であった。一九三〇年代に書かれた社会批評的な小説（『まじめな生活』一九三〇年、『大事件』一九三一年、『憎悪』）もさりながら、ハインリヒがプロイセン州アカデミーの文学部会長に選ばれただけでなく、首相候補として名指しされるほどの評価を受けるまでになったのには、三部作『帝国』（一九一〇～一九一七年）、『ウンラート教授』（一九〇五年）といった初期の作品（とくに後者）があずかって力あったとみるべきであろう。なかでも『ウンラート教授』は『嘆きの天使』の題名で、作者の意に反してやや甘ったるい内容の映画に脚色されてはいたが、ともかくもヨーゼフ・シュテルンベルク監督、ヤニングス、マルレーネ・ディートリヒという異色のコンビの出演になるこの映画は一世を風靡した。それにもかかわらず、原作の小説は、当時、汎ゲルマン主義の作家ハンス・グリムの作『土地なき民』（一九二六年）（二六万五〇〇〇部が売れた）に売り上げ部数ではかなわなかったのである。

ところで、その『土地なき民』の著者ハンス・グリムは、雑誌『エッカルト』と『コロナ』の両誌を主たる拠点とするプロテスタント系の保守的キリスト教の世界では非常に評価の高い講演者でもあった。この二つの雑誌の同人たちは、《ドイツの美徳》をあがめる点で共通した立場にあった。ドイツの美徳とは、ここではルードルフ・アレクサンダー・シレーダーの新古典主義の詩や、エルンスト・ヴィーヘルト（一八八七～一九五〇年）、イナ・ザイデル、ヘルマン・シュテーアらの主張する産業化以前の世界の倫理を指していたが、これらの論客たちはいずれも、《ドイツのバビロン》ともいうべきこの国の文化遺産とは無縁の生活を送っていた。ドイツの美徳という概念は、ほかにヴァルター・フレクスという人物のたたえる戦士の英雄主義でもあり、それは《ユダヤ的ボルシェヴィズム》や、いわれなき《法王絶対主義》や、生物学的にはくずといっていいスラヴ人やラテン人のやからたちによってむしばまれたドイツを再生させるために戦場で犠牲となった青春の象徴でもあった。社会主義者から民族主義者に転向したパウル・エルンストも、同じく戦士の英雄主義を称賛したが、エルンストは中世に霊感を求めていたせいか、その主張は、フレクスよりもいっそう神秘的であった。いっぽう、エルンスト・ユンガー(一八九五年生まれ)は、十八歳で外人部隊に入隊したあと、ドイツ軍の将校となり、第一次世界大戦で一四回も負傷して戦功勲章を受け、そのあと義勇軍の兵士になるといった経歴の持ち主であったが、戦場での経験から新しい霊魂を発見して作品化(『鉄の嵐』一九二〇年、『われらが母なる戦争』一九二二年、『ボクトー』一九二五年)したほか、退廃的なブルジョワ的合理主義にとって代わるべき現代風の男性的秩序を主張した作品(『兵士』、『労働者』一九三一年)も残している。

以上にあげた作家たちとは正反対の立場にある陣営では、少数民族たるユダヤ人たちが、アルノルト・ツヴァイク、リオン・フォイヒトヴァンガー、ヤーコプ・ヴァセルマンといった作家たちの書いた小説を介して、自分たちのいだいている希望や恐怖を明らかにしていた。ツヴァイクの三部作のなかでは、平和主義の立場からの戦争忌避の姿勢が打ち出されており、その第一部をなす『グリシャ伍長事件』(一九二七年)は、当時、ツヴァイク自身が先鞭をつけてはやらせた平和主義の小説(元ドイツ軍将校で、のちにスペイン国際義勇軍の志願兵となるルートヴィヒ・レンの『戦争』、エルンスト・グレーザーの『二二年入隊兵』一九二八年、テーオドール・プリヴィアーの『皇帝の徒刑囚』一九二九年のほか、エーリヒ・マリーア・レマルクの『西部戦線異状なし』もあり、とくにレマルクの小説は『ブッデンブローク家の人びと』〔トーマス・マン作〕と同じくらいの売れ行きだった)のなかでも最も成功した作品とみなされた。リオン・フォイヒトヴァンガー作の数々の歴史小説のなかには、ユダヤ人が自身をユダヤ人であることを確認するといった内容が盛り込まれており、そのうちの一つ『ユダヤ人ジュス』(一九二五年)は、のちにファイト・ハルランの手で戯画化されてナチ映画に仕立て上げられ、フラーヴィウス・ヨーゼフ(一九三二〜一九三六年)の三部作は、ローマの支配に反抗するユダヤ人の戦いを描いた作品であった。数々の心理小説のなかで階級意識の不当性を訴えたヴァセルマンは、その物語作者(『クリスチャン・ヴァーンシャフェ』一九一九年、『マウリツィウス事件』一九二八年、『エッツェル・アンデルガスト』一九三〇年)としての才能から、当時は非常に高く評価されていた。三人の作家のうち、ツヴァイクはパレスチナへ、フォイヒトヴァンガーはアメリカにそれぞれ移住したが、この二人が多くのユダヤ系知識人と同様に、共産主義こそ、ファシズムの勝利を阻む最も確かな防波堤たりうると最後まで考えていたのに対し、ヴァセルマンだけは、ユダヤ人とドイツ人とは共生できると信じ込んでいた(『ドイツ人として、ユダヤ人としての私の運命』一九二一年)だけに、最後には苦汁を呑まされる羽目となった。

あらゆる傾向のものを合わせても、ヴァイマル共和国の全期間を通じて、一〇万部以上売れた小説は二〇〇種類程度でしかなく、しかも、そのうちのやっと三〇パーセント程度が、一九一九年以後に世に出た作家たちの筆になるものであった。読書をする人びとの大部分は、手元不如意だったので、公共図書館や市町村の図書館を利用したり、あらゆる種類の企業の蔵書や団体の蔵書を借りたり、時に応じて駅のキオスクや古本屋だけでなく、『ショケン』『ヴェールトハイム』『ティーツ』といった大型百貨店で廉価本を購入したりもした。女流作家たちも負けていなかった。女流作家たちの作品もあらゆる種類のものが網羅されていて、それらを合わせると、全部でゆうに一〇〇〇万部に達するほど売れていた。帝政時代からすでに人気のあった女流作家としては、オイゲーニエ・マルリット、ヴィルヘルミーネ・

ハイムブルク、ヘートヴィヒ・クルツマーラーらがいたが、これらの女流作家たちはいずれも、家庭の主婦や家政婦たちを楽しませるための通俗的な娯楽小説の書き手であった。こうした娯楽小説の読み手たちは、一般に無知で、本格派の女流作家の名すら知らないというありさまであった。本格的な小説の書き手だった女流作家としては、ゲルトルート・フォン・レフォール、プロイセンのアカデミーの会員だったリカルダ・フーハらのほかに、ヘレーネ・シュテカーという名の女性もおり、女権論の立場にある女流作家に、アニータ・アウクスブルク、リーダ・グスタファ・ハイマンの両人がいた。この二人は『国家のなかの婦人』(Die Frau im Staat) という題名の雑誌を発行していたが、そのほかに婦人の就学の権利を主張する論者の草分け的存在だった女流作家としてヘレーネ・ランゲ(『闘争時代』一九二八年)がいた。男性の心中に内在する本能に訴える冒険小説や、戦争世代を対象とする物語のたぐいも流行したが、この種の読み物は、軍国主義に強く反対する立場のものと、《戦場での友愛》への郷愁をうたい上げるものとに二分された。後者を代表するものとしては、ソ連に抑留されたドイツ兵が、民族主義にめざめるのを主題としたエーリヒ・ドヴィンガーの三部作『ドイツの熱情』(一九二四年)があった。この作品がきっかけとなって、やがて一九三〇年代の《民族主義》の波が押し寄せてくることとなるわけで、それに伴って、ヨーゼフ・マグヌス・ヴェーナー作の『ヴェルダンを前にした七人』や、のちにゲーリング元帥の寵愛を受ける作家の一人となるヴェルナー・ボイメルブルクの筆になる物語(『ドゥオモン』、『イプル』、『ロレット』、『ボゼミュラー集団』)も世に出ることとなった。

ヴァイマル共和国の末期には、世界恐慌の犠牲者たちの生態を、エーリヒ・ケストナーが、軽妙な厭世観で描いて見せている(『ファビアン』『あるモラリストの物語』)。ケストナーは、初め寸劇と反戦的な歌謡の作詞で世に出たが、のちに『エミールと探偵たち』(一九二八年)で子供たちの人気を一身に集めるに至った。ケストナーと同じように《非政治的現実主義》の立場に立つ作品を世に送っていたのが、ジャーナリストのハンス・ファラダ（一八九三〜一九四七年）で、ファラダはシュレースヴィヒ＝ホルシュタインの農民が税務署相手に反抗に立ち上がったさまを描いた（『農民たち』『爆撃』『ボスたち』）ほか、刑務所に入ったことのある前科者たちが社会的に落ちぶれていくさまや、失業者の家族の悲哀を詳細に描写した作品も残している。ちなみに、失業者の家族の悲哀を描いた作品が世に出てから以後、失業者には「おっさん、今どうしてる」と声をかけることが流行した。

Ⅲ　造形美術の発展

1　流派と創造センターの多様化

過去というものの持つ重みに抗すべくもないモダニズムなる現象がやたらにはびこっているなかで、造形美術だけは、技術の進歩にも助けられて、芸術家たちの分派活動や、過去のしきたりにとらわれずにすますことができたし、新しい時代が到来したことを目に見える形で世に示すことのできる唯一の手段でもあった。この分野では、従来以上に群雄割拠が進んだし、作品の多様化も進んだことが、その背景にあったとみるべきであろう。一九一三年の秋の新作美術展には、ドイツではこれまで見られなかったほど幅広い傾向の作品が展示されたが、それ以来、一八九〇年代に活躍したかつての反逆児たち、たとえばマクス・リーベルマン（一八四七〜一九五三年）やマクス・スレーフォークト、それにややおとなしいところではロヴィス・コリント（一八五八〜一九二五年）らが、ほとんど《古典派》と呼ばれてもさしつかえないほど古典的な作品をすでに発表するようになっていた。アカデミーも美術館も個人のコレクションも、外国の前衛作品をなんのためらいもなく受け入れるようになっていた。画商アルフレート・フレヒトハイムの主宰する『クヴェルシュニット』をはじめとする各種の美術雑誌は、ガートルード・スタイン、アーネスト・ヘミングウェイ、エズラ・パウンド、フェルナン・レジェ、ピカビアらの絵入り原稿を発表したりした。フランスの画家たち、なかでも後期印象派の作家たち（セザンヌ、ファン・ゴッホ、ゴーガンら）は、自国よりもドイツで人気があった。こうしたフランスの画家たちからの影響は、エーミール・ノールデ（一八六七～一九五六年）の作品のなかに顕著に認められた。ノールデは、ドイツで最初の表現主義の集団であった〈ブリュッケ（橋）派〉（一九〇五年結成）に一時、所属したこともあったが、実はフランスで修業を積んだ画家だったのである。ところで〈ブリュッケ派〉の創設者、エルンスト・ルートヴィヒ・キルヒナー（一八八〇～一九三八年）は、一九一七年にいったんはスイスに居を定めたものの、結局はフランスに身を置いて絵をかくこととなった。イタリア絵画からの影響が見られた画家に、オット・ミュラー（『海辺の婦人たち』一九一九年）がいた。彫刻家エルンスト・バルラッハ（一八七〇～一九三八年）にはロシア図像学の影響が色濃く見られたし、画家マクス・ペヒシュタインには原始美術から学び取った要素が取り入れられていた。ペヒシュタインは、ゴーガンの足跡を追って南海に遊んだあと、一九一八年にベルリンで『十一月団』を旗上げした。ベルリン地区の画家、彫刻家、建築家、詩人、音楽家を糾合したこの集団は、地方にある同種の集団とともに〈芸術労働評議会〉という上部団体に加盟し、他の集団と肩を並べて〈民衆と一体となった芸術〉をめざした。しかし、この集団も、知的労働者会議と同様に、永く存続することはなかった。リオーネル・ファイニンガー（一八七一～一九五六年）は自分の最初の出版物の表紙に《社会主義の大聖堂》を描いたが、一九二〇年代のドイツは、この大聖堂が主張するうたい文句も理想郷も実現するにはほど遠い状態にあった。ミュンヘンには『青騎士』（Der blaue Reiter）という集団があって、この都市は一九一〇年以来、近代美術の中心地の一つとして、アカデミズムにどっぷりとつかっていたばかりでなく、ハンス・トーマとかフランツ・フォン・シュトゥックといった画家たちの唱える郷土への信仰が蔓延していた。一方、世紀の初めに固有の、革新的なさまざまの流派は、それぞれに自派の勢力を広げるための拠点を依然として確保していた。ブリュッケ派の生誕地であったドレースデンには、俗称をヴォルスという ヴォルフガング・シュルツェ（一九一三～一九五一年）、超現実主義の幻想家だったオットー・ディクス（一八九一～一九六九年、『ひもたちと売春婦たち』一九二二年）、一九二八年に〈革命的造形美術家協会〉（ASSO）を設立した彫刻家、グルンディヒ家のハンス、レーア兄弟らが受け入れられたが、ほかにオーストリア出身の表現主義画家兼劇作家のハンス・ココシュカ（一八八六～一九八〇年）までが迎え入れられた。そのうちのシュルツェは、ベルリンからやって来たのだが、一九三二年に、早々とパリに移り住んでいる。チューリヒとパリのダダ集団のあとを追う形のドイツのダダ運動であったが、そのなかで最も有名だったマクス・エルンスト（一八九一年、ブルール生まれ）は、一九二二年に、友人のエリュアール家のポール、ガラ兄弟の援助でパリに定住することとなった。それにもかかわらず、エルンストの主要な展覧会は、ケルン、デュッセルドルフ、ベルリンといったドイツの都市で催されていた。ラウール・ハウスマン、ハナ・ホーホ、ジョン・ハートフィールド、ヴィーラント・ヘルツフェルデらを擁するベルリンのダダ集団は、一時、フォト・モンタージュに血道をあげたあと、やがて社会主義レアリズムに活路を見出すようになる。ソ連からやって来たエリー・ツァー（エル）・リシツキは、構成主義をドイツに持ち込んだが、ダダ運動の落伍者だったクルト・シュヴィッタースは、ハノーファーをその構成主義の中心地にするという芸当をやってのけた。構成主義と感覚的に似かよっていたのが、ヴィルヘルム・ザイヴェルト、オットー・フロイントリヒらを含むケルンの〈進歩派の人びと〉で、そのうちのフロイントリヒもまた、一九二四年に早々とパリの郊外に居を移した（のちにナチの手で強制収容所送りにされて、その際に死んでしまう）。一方、ヴィリ・バウマイスターと、グロテスクの画家マクス・ベックマン（一八八四～一九五〇年『パリの謝肉祭』一九三〇年）の両人は、フランクフルトの美術学校で教鞭をとっていたのである。

2 新しい生活様式

前述したような前衛芸術は、以後、専門家や見識のある素人たちには充分に評価されることになるのだが、当時の《民衆》にとっては、戸惑いの種でしかなかった。前衛芸術の特徴であるはっきりとした形と色を重視する方針は、少なくとも都市においては、民衆の日常生活のなかに、間接的にではあったが、じわじわと入り込みつつあった。たとえば演劇の舞台装置から、映画のセットにいたるまで、あるいは広告を含むすべてのさし絵から、日常使用される家庭用品のデザインにいたるまでといったぐあいであった。

《総合芸術作品》の最も権威ある研究機関だった『バウハウス』は、いわば《ヴァイマル文化》の代表ともいうべき総合芸術を最も華々しく象徴する存在であった。バウハウスは、ヴァイマルで誕生し、やがて一九二五年に、保守的で排他的なチューリンゲンの新政府の手で、この地を追われることとなる。バウハウスの創始者だった建築家のヴァルター・グローピウス（一八八三～一九六九年）は、第一次世界大戦中に、オランダ人、アンリ・ヴァン・デ・ヴェルデからヴァイマルにあった工芸学校の校長の椅子を引き継いでいたが、一九一九年に、あらゆる専門分野、あらゆる国の創造的な人材を集めて《ただの家庭用品から完成した家屋にいたるまでの住まいの全体的な水準引き上げ》を図ることを思いついた。このように芸術に機能性を求めようとする傾向は、やたらに金ばかりがかかるごてごてとした過剰装飾への反動として、帝政の末期から、すでに表面化していた。確かに一八七〇年代（Grunderjahre）には、「ユーゲントシュティール（青春様式）運動」が興ったし、その後、シュトゥットガルト駅舎のような大々的な建設工事（一九一三年）もあり、さらにはドイツ工作連盟主催の展覧会（ケルン、一九一四年）といった過剰装飾の見本のような例がひきもきらぬありさまで、当時はそうした傾向への反動があっても少しも不思議ではない状況にあった。芸術に機能性を求めることは、芸術家の職人芸と、新しい素材（鉄鋼、ガラス、コンクリート）で生産活動をする工業技術との結合をねらうものにほかならなかった。基本的には教育機関と考えられていたバウハウスがめざしたのは、《完璧な精神革命》であり、日常生活のなかのわずらわしさを解消する新しい生活様式の探求であった。それ自体は魅力ある計画に相違なかったが、それでも集められた抜群にすぐれた教授団からは、さまざまな評価を受けていた。その教授団のなかには、次のような顔ぶれがあった。ヴァシリ・カンディンスキ（一八六六～一九四四年）、オスカル・シュレマー、ライオネル・ファイニンガー、パウル・クレー（一八七九～一九四〇年）ら近代画壇のさまざまの流派の巨匠たちが肩を並べていたほか、陶芸家のゲールハルト・マルクス、建築と家具デザインのマルセル・ブロイアー（一九〇二～一九八一年）ら、マリアンネ・ブラント、ヴィルヘルム・ヴァーゲンフェルトのようなパイプ家具の発明者や、照明器具、食器類、寝具類のデザイナーもおり、さらに建築家としてはミース・ファン・デル・ローエ、スイス出身の構成主義の建築家ハネス・マイヤーもいた。忘れてならないのは、彫金科の主任でありながら舞台装置や写真の研究（『絵画・写真・映画』一九二五年）をも手がけていたラースロ・モホリ＝ナギ（一八九五～一九四六年）がいたことで、ほかにも数多くの非常勤講師がいた。

非常勤講師の一人、テオ・ファン・ドゥスブルフは新造形主義の理論を講じていたし、音楽家たち、たとえばバルトーク、ヒンデミット、ストラヴィンスキらが生徒たちに近代音楽の手ほどきをしていた。バウハウスはやがて〈造形大学〉と名を変えてデサウに移転することとなったが、グローピウスは新しい造形大学のために、鉄やガラスをふんだんに使った一九二〇年代を代表する驚嘆すべき建物を建造した。当時、造形大学のなかには、神智学と東洋精神の影響を受けた自然発生的な芸術を支持する勢力と、社会に直接参加する形の科学的芸術を主張する派とが対立しており、前者は主として画家たちに支持され、後者はハネス・マイヤーが推進する路線であった。マイヤーは、グローピウスが一九二八年にブロイアー、モホリ＝ナギ両人とともに造形大学を去ったあと、その跡を継いだ人物であった。ヴァイマルからデサウへ移転を余儀なくされたり、部内に対立をかかえていたにもかかわらず、造形大学はその後も、五〇〇人近い人材を育成することとなる。ところが、部内の紛争を鎮静化させるために一九三〇年に学長に任命されていたミース・ファン・デル・ローエは、一九三二年に州の政権を握ったナチ党の圧力の前に、またもこの学校を、こんどはベルリンに移転させざるをえなくなった。それから間もなく、造形大学は解体を余儀なくされるが、教授陣の大部分はアメリカに渡り、それまでの経験を生かして、かの地でそれなりの業績をあげ、永続的に現代芸術を豊かにする役割を果たすこととなる。

バウハウスの残した業績が意義深いものであったことは事実であるが、それもとくに建築家たちに負うところ大であったことを忘れてはなるまい。バウハウスで教鞭をとっていた建築家たちは、バウハウスの理念に近い考えの持ち主で、しかも建築の分野で質の高い社会的都市計画を推進していこうという献身的な姿勢を捨てていなかったからである。私的所有権からも、ブルジョワ的な家族のスタイルからも解放された社会を夢みていたこれら建築家たちは、ヴィーンの社会党系の市当局が一九二三年に発表した都市計画からヒントを得ていた。この都市計画は、ツェレ、ケルン、ベルリン、シュトゥットガルト、マクデブルクといった諸都市に、庭に囲まれて整然と配置された小規模の建物の集合体から成る、空間の豊かな集合住宅を建設しようというものであった。そのうちのマクデブルクでの計画の担当者だったブルーノ・タウトは、仲間の間では最も才能に恵まれた人物で、多くの建造物を造成したが、なかでも『ガラスの家』(一九一四年のドイツ工作連盟展覧会に出陳)、ブリッツの『馬蹄形の住宅団地』がとくに有名である。一九二六年から一九二八年にかけてフランクフルトで八〇〇〇戸の住宅から成るモデル住宅団地の造成を手がけて彫刻家マヨールの絶賛を浴びた仲間のエルンスト・マイと連れ立って、タウトはソ連に赴き、かの地で二人そろって顧問としての勤めをしたが、長居はしなかった。一方、エーリヒ・メンデルゾーン、ハンス・シャロウンの両建築家は、集合住宅の行き詰まりの打開策として、アメリカの超高層建造物の建築技術に目をつけ、これの研究に熱中した。一九二五年から一九二八年にかけてのドイツでは建築熱が異常な高まりを見せ、その結果、会社の社屋や官庁のビルの改築が盛んになったばかりでなく、果ては労働組合による〈人民の家〉の建設までが手がけられるようになった。当時は進歩的な地方行政機関が、帝政時代から存在する非衛生的な住居に最貧困者層が密集していることに由来する疾病、売春、アルコール中毒などの蔓延を阻止しようと努めていたが、建築熱の高まりは、何にも増してこうした社会的要請にこたえることができた。メンデルゾーン、シャロウン両建築家のめざすところは、二〇年間という歳月の間に、ドイツ国民の大多数に、しかるべき住環境を与えることであった。そのための努力は、結局、一九二九年の経済恐慌で水泡に帰した。当時、両建築家は芸術活動への金銭的支援も行なっていたが、それも、このときの経済恐慌によって打ち切られることとなったのである。

Ⅳ　マス・メディアの役割

思想や流行を伝播する手段として比類のない優位性を維持していた新聞、ラジオ、映画は、ヴァイマル期のドイツで大変な発展を遂げ、同時に、目を見張らせるような資本の集中化をも経験したが、これらいずれの媒体も、民衆の精神や行動の進化には、ほとんど役立たなかったように思える。

1　新聞

一九一九年以来、ドイツ共産党の機関紙だった『ローテ・ファーネ（赤旗）』、同じく共産党系の『写真労働新聞』、それに一九二〇年にヒトラーが買収した『フェルキシャー・ベオバハター』の三紙を除く当時の大新聞は、いずれも十九世紀の後半に創刊されたものであった。言論新聞だった『十字新聞』（一八四八年創刊）、『ドイツ日刊新聞』（一八九四年）の両紙もそうであったし、農民同盟の保守系機関紙でベルリンで発行されていた『国民新聞』しかり、自由主義的傾向の『フランクフルター新聞』（一八六六年）、『毎日展望』の両紙、それに社会民主党の公式機関紙『前進』（一八九一年）なども、その点では同じであった。以上のほかにも、中央党の幹部の一人、ヨーゼフ・バヘム所有の『ケルン民族新聞』（一八六〇年）の傘下にカトリック系の多くの地方中小紙があったし、ビスマルクの反カトリック政策に呼応して文化闘争の時代に創刊された『ゲルマニア』という名の新聞もあった。以上にあげた言論新聞のほかに、理論的に中立とされる一般の言論新聞も多数存在し、一九一四年現在のドイツでは、すでに四二〇〇種の新聞が発行されていたのである。一九一九年以後は事情が変わり、新聞界にも資本の集中が見られるようになったが、それは主としてインフレーションによる経営難と新聞用紙の値上がりに起因するものであった。そんなわけで産業資本家フーゴ・シュティネス配下のトラストは、帝政下歴代政府の非公式の機関紙だった『ドイツ・アルゲマイネ新聞』(DAZ)、『毎日展望』『フランクフルター・ナハリヒテン』の三紙を買収してフランクフルトの右派系の自由主義的新聞との競争に備える一方、部数の比較的少ない地方紙数紙をも手に入れた。一九二八年に国家人民党の党首となった産業資本家アルフレート・フーゲンベルクも『アウグスト・シェルル出版社』を買収することによって日刊紙『地方報知』『夕刊新聞』両紙のほか、地方紙多数と『週間』『庭園の木の葉』(『田舎暮らしの家庭新聞』のたぐい)など、最もよく読まれている週刊紙数紙を支配下におさめた。いずれも国家主義、反動主義の傾向を帯びた一二〇〇種の定期刊行物を擁するフーゲンベルクのトラストは、一九二六年現在でドイツの新聞界の三五パーセントを単独で支配していた。シュティネス、フーゲンベルクの両新興財閥のほかに、共和主義擁護の立場にある二つのトラストも存在した。そのうちの一つ、一八六七年から存在するモセのトラストは、ベルリンの三大日刊紙(『ベルリン日々新聞』『ベルリン民族新聞』『夕方八時新聞』)を支配下に置いていた。もう一つ、バイエルンの紙商人、レーオポルト・ウルシュタイン(一八二六〜一八九九年)の一家が所有するウルシュタイン財閥は、ベルリンの大部数の新聞『ベルリン新聞』『ベルリン・モルゲンポスト』、それに一七五万部の売り上げ部数を誇る大衆週刊紙『ベルリン写真新聞』を傘下におさめていたが、それでも飽き足らず、この財閥は、ベルリンの諸新聞の元祖(一七〇四年創刊)ともいうべき存在で、ブルジョワ知識階級の愛読者から《フォス伯母さん》の愛称で呼ばれて四万部を売り上げていた『フォシッシェ新聞』を一九一四年に買収している。

フランスでは例を見ないほど大々的な宣伝活動を行なっているせいで、ドイツの大新聞は外国に特派員を大勢、派遣することができるほど経営的にはゆとりがあった（一九二六年現在、ベルリン駐在のフランス人記者は七人であったのに対し、パリにいるドイツの新聞記者は三三人だった）。一九三二年に例をとると、ドイツの新聞は、日刊紙だけでみても、合計二八〇〇万ないし三〇〇〇万部を売り上げていたと推計される。新聞の種類の半数を対象とする統計によると、種類全体のなかで右翼系の新聞が三八パーセント、カトリック系が一〇パーセント、左翼系および極左系が二八パーセント、無党派が二四パーセントといった比率であった。《無党派》を建て前としながら、実際にはフーゲンベルクの〝電信同盟〟から資金援助を受けていた新聞と同様に、カトリック系の新聞も右翼化していた事実を考え合わせるならば、結局、当時のドイツの新聞の大部分（共産党系をも含め）が、反共和主義に傾斜していた事実が浮かび上がってくるのである。

2　ラジオ

ヴァイマル期を通じてドイツのラジオ放送が組織化されたのは、テレフンケン社の社長だったハンス・ブレード（一八七九～一九五七年）の庇護があったからであった。ブレードは、一九一九年に長距離通信会社の重役に任命され、そのあと一九二六年から一九三三年まではラジオ放送全独委員をつとめた。一九二四年に全独向け放送局をつくる公益会社が創設されてからは、放送局があちこちに設置され始めた。一九二七年にすでにドイツは、中波ではヨーロッパ最強の放送局を所有しており、この放送局は『ドイツ地上放送会社』により運営されていた。それから二年後には短波の放送局がベルリン近郊に設立され、さらにその翌年には長波の放送局がミューラカー（カールスルーエ近郊）に設立された。

一九二〇年代の終わりには、ドイツ人一〇〇〇人のうち六三人がラジオ受信機を所有するまでになっていたので、ラジオは政治的にも無視できない道具となっていたのである。

放送会社は、国からの統制を受けることが法律で定められていたものの、あくまでも私企業であり、これを国有にしようとする試みには右翼勢力が、自由主義を口実に、反対する立場を鮮明にしていた。一方、共産党のほうは、放送事業から締め出されていることに不満をいだき、一九二九年に〈自由放送同盟〉を設立して、放送番組の民主化と、左翼に属する人物を追放するのをやめるよう強く求めていた。そうした状況のなかで政府当局は、新しい賠償計画（ヤング案）に反対の国民投票をすべきだとする国家主義者たちの宣伝活動を封じ込めるために、ラジオ放送を利用し始めたのである。ところが非営利団体は放送時間を自由に買い取ることができたので、右翼勢力はフランスによるザール統治と、ドイツ、ポーランド間の国境線には問題があるとする番組を流すことによって、政府のやり方に反撃を加えたのである。

このようにラジオは《政治に利用》されていたわけだが、こうした事態をなくそうとの意図から、ハンス・ブレードはラジオを、だれでもが参加でき、教育にも役立つ道具にしようと考えたのである。ラジオのスタディオには、音楽家、歌手、俳優、講演者など全部で三万人近い人びとが雇われていて、質の高いコンサート、科学解説、語学講座、識者による討論などの番組の制作にたずさわっていた。婦人向け法律相談の番組もあって、これは女性法律家のカミラ・イェリネック女史が担当していた。イェリネックは、のちに〈ドイツ婦人団体連合会〉（ＢＤＦ）の会長となる小学校女教員マリ・シュトリットと組んで、一九〇五年に法的保護センターを創設した経歴の持ち主であった。当時、田舎に住んでいる人びとでラジオ受信機を持っている者はめったにいなかったので、ラジオ放送は主として都市住民を相手とするものであった。ヒトラーが政権についた一九三三年以後、ラジオ受信機は、大衆操作のための、またとない媒体となるのである。

3 映画の流行

ヴァイマル体制下にあっても、サーカス、縁日の露店、村祭り、ラインラント地方のワイン祭り、バイエルンのビール祭り等は、にぎやかなブラスバンドの演奏や回転木馬の背景音楽などと相まって、庶民大衆をひきつけている点では、数多くのスポーツ大会（各種のスポーツ・クラブは、合計で一〇〇万人以上の会員を擁していた）や、団体によるハイキング、家族による遠足等とまったく変わるところがなかった。ところが、こうした大衆娯楽のすべてを影の薄いものにしようとしていたのが、ほかならぬ映画であった。

そのころすでに大規模な営利事業となっていた映画は、文学や演劇とは異なり、限られた数の大衆を相手にするだけでは飽き足りない存在となっていた。こんにち、傑作とされている表現主義の映画、たとえばローベルト・ヴィーネ（『ゴーレム』『カリガリ博士』一九二〇年）、フリードリヒ・ヴィルヘルム・ムルナウ（『吸血鬼ノスフェラトゥ』一九二二年）、フリッツ・ラング（『三つの光』一九二一年）らの作品よりも、製作、配給のプロデューサーたちが製作を望んでいたのは、より収益力の高い大規模な見せ物的映画であった。ところで第一次世界大戦終戦直後の時期に一般大衆にもてはやされた映画はどんな映画であったかというと、歴史物語を背景にした残忍映画や、外国を舞台にした恐怖映画で、大衆はそうした映画に夢中になることによって現実逃避することを望んでいたのである。そうした映画の製作を、巨匠といわれるような監督といえどもけっして軽蔑しないというのが当時の風潮であった。のちにハリウッドで数々の有名な喜劇映画を生み出すようになるずっと以前からエルンスト・ルビッチュ監督（一八九二～

一九四二年）に熱心なファンが外国にまで数多くいたのは、この監督の作品に『ファラオの恋』『デュバリ夫人』（一九一九年）、『ダントンとアン＝ブリン』といった大仕掛けの見せ物を売り物にする悲劇映画があったからにほかならなかった。もっとも、こうした悲劇映画にファンが多かったのは、ポーランド生まれの花形女優、ポーラ・ネグリの個人的魅力に負うものでもあった。のちに内面派映画(Kammerspiel)の巨匠となるルーマニア出身の映画人、ルプー・ピックが世に出たのは『ムッシュー・ウー』という題名の作品であった。この映画は、ヨーロッパ人男性と恋をするという罪を犯した自分の娘を殺す中国人の物語で、主人公の中国人は、娘を殺したあと、娘の恋の相手だったヨーロッパ人男性を、その男性の母親と共謀して、刃物で殺そうとするといった筋書きであった。『ドクトル・マブゼ』（一九二二年）を製作して、表現主義映画人としては珍しく即刻、成功をおさめたフリッツ・ラング（女流映画史研究家、ロッテ・アイスナーによると、本人は表現主義映画人と呼ばれるのを極度に嫌っていたそうである）さえもが『インドの墓』を製作して、当時の流行に迎合したほどであった。もっともラングは、この作品の成功による好運を共同製作者だったヨーエ・マイに譲り、マイはこれを踏み台にして八本の劇映画を製作している。

文学史のなかにどう位置づけたらいいのかわからないデーブリーンと同様に、映画史のなかでの位置づけのむずかしいフリッツ・ラングは、明暗の効果、神秘性にみち、かつ表現主義映画人にはおなじみの人間の顔をした悪魔を配した装置などを縦横に駆使して、転換期の人間の苦悩を、おそらくは他の追随を許さぬ見事さで、スクリーンに映し出していたのではないだろうか。なにしろ、この時代は、科学的な方法や近代的な技術がありながら、これを持て余すような状況だったところから、過去なるものが計り知れないほど強大な力を持っているという一大転換期だったのだから……。いずれにせよ、『ニーベルンゲン』（一九二四年）のなかに底抜け騒ぎの破壊を盛り込み、『メトロポリス』（一九二六年）では産業社会の奴隷制度が労資の和解によって奇跡的に解消されるさまを描いていたことで、一部の批評家が望んでいたように、ラングの作品はファシズムの前兆をなす映画に分類されることとなった。とくに『メトロポリス』はゲッベルスをいたく感激させ、その結果、ゲッベルスはオーストリア出身のユダヤ人演出家であるラングに、第三帝国を代表する公式の映画人になるよう懇請したほどであった。ゲッベルスのこの申し入れは、ラングの妻で脚本家のテーア・フォン・ハルブーの受け入れるところとなったものの、ラング自身はこれを回避して、申し入れのあった直後に、急遽、列車に乗り込んでパリにのがれている。そんなところから、ラングの作品は反ファシズム映画に分類されることにもなるのだが、『のろわれた紳士』(一九三〇年)や『ドクトル・マブゼ』(一九三二年)などに見られる恐怖映画の持つ現実主義から始まって、アメリカに亡命中の作品群(『激怒』一九三六年、『死刑執行人たちも死んだ』など)にいたるまでの系譜をたどってみると、この分類の仕方にもうなづけるものがある。いずれにしても、ラングは、結局、政治的な主義主張よりも、その時代その時代の最大の主題であるもののほうに敏感な映画作家の持つあいまいさを無視する態度に立ち返ったと言うことができよう。

世間に繁栄がよみがえって来て、その影響は一九二四年以後、他の芸術部門と同様、映画の世界にも顕著に現われ始めた。具体的には〈新しい客観性〉を重視する傾向に映画製作の規範が変わったことで、その基本には、一見、矛盾するようでいて、実際には補完的な二つの流れが存在した。一つは、それまでの恐怖映画に代わって現実逃避の作品が多くなったことで、この傾向はパウル・レーニ作『蠟燭の顔をした閣僚たち』や、ムルナウ作『最後の人』のような表現主義時代末期の映画にもすでに現われていた。とくにムルナウの作品は、一つは不幸な結末、もう一つはハッピー・エンドと二つの結末を用意して、筋書きのなかで逃げを打っている。もう一つの流れは、はるかな昔や、異国を舞台にした残虐行為を売り物にする映画が影をひそめ、代わって心理描写を筋書きの中心に据えた作品が多く見られるようになったことで、この傾向は『ヴァリエテ』(一九二五年)のなかのサーカスの世界や、ゲオルク・ヴィルヘルム・パプスト(一八八五〜一九六七年)が精神分析学者、カール・アーブラハム、ハンス・ザックス両人の協力で製作した『心の不思議』などにも見られた。ついでながら、『ヴァリエテ』では、《ローアングル》の撮影技法が初めて使われている。

ドイツ人が好む現実逃避のための手段の一つに、山岳映画というジャンルがある。アーノルト・ファンクがルイス・トレンカー、レニ・リーフェンシュタール両人を助手として製作した『アルプス征服』(一九二四年)、『聖山』(一九三七年)、『死の銀嶺』(一九二九年)などがそうした山岳映画の代表作であった。トレンカー、リーフェンシュタール両人はそろって、その後も「ナチが自分たちの財産に取り込もうとしている非合理主義の前兆ともいうべき氷河崇拝」(ジークフリート・クラカウアー『カリガリからヒトラーへ』)の助長に一役も二役も買うこととなる。現実逃避と並んで社会批判の主題として選ばれたのが、治安の悪さと堕落の場である都市の街頭であり、パプストが製作した『喜びなき街』(一九二五年)は、第一次世界大戦後のヴィーンの町のわく内ではあったが、この主題の持つ現代的意味の広さを提起していた。零落した中産階級が苦況にあるなかで、女たちが、家族を養っていくために、あえて新興成り金たちに身を売っているさまが、この映画には描かれていた。デンマーク出身のスター、アスタ・ニールゼンが出演するかたわらでグレタ・ガルボをデビューさせたこの映画は、多くの模倣作(一九二七年製作のブルーノ・ラーン作『街の悲劇』、一九二九年公開のメッツナー作『出来事』、ヨーエ・マイ作『アスファルト』など)を生み出す導火線となった。トーキーの出現と、スタジオ外での撮影を可能とする技術の完成とで、新たに《ドキュメンタリー方式のカメラ操作》が考案され、その結果、主題を設定する段階から都市生活者の日常生活に照準を合わせることもできるようになった。ヴァルター・ルットマン、カール・フロイント作、エドムント・マイゼル音楽による『伯林――大都会交響楽』（一九二七年）や、ローベルト・シオートマク、ビリー・ヴィルダー、フレート・ツィネマン、シューフタンら、後年、ハリウッドの大監督となる面々の協力で作られた『日曜日の人びと』（一九二九年）などは、いずれも初めから《非政治的》であることを指向した作品であった。これらの映画は、〈新しい客観性〉の精神を体して、都市生活の単調さを、なんの政治目的もなく描いた作品であったが、やがてくる経済恐慌によって、その新しい客観性といった概念も雲散霧消してしまい、そのあとに登場したのが、ほかならぬ大量生産方式であった。この方式のなかでは、プロイセンの君主制をたたえたり、ナポレオン戦争に参加した戦士たちの栄光を描くといったたぐいの《愛国映画》が量産される一方、その合い間を縫って、『ガソリンボーイ三人組』（一九三〇年）、『会議は踊る』（一九三一年）といった型の感傷的な喜劇も続々と作られるようになった。なかでも『会議は踊る』は、振り付け師兼映画監督のエリック・シャレルが演出した作品で、ヴィーン会議を題材とする幻想的で、まばゆいばかりの、絵のような映画であった。

当時、アルフレート・フーゲンベルクは新聞界の一部を所有していただけでなく、〈ウーファ〉という名の企業連合を介して全独の映画製作の九〇パーセントまでを支配しており、おまけに国内津々浦々にいたるまでの広範な配給網を手中にしていたので、そのフーゲンベルクの力を借りなければドイツ全土に作品を配給することができないといった体制が整っていた。辺鄙な田舎では、〈ドイツ映画普及会〉が、軍の宣伝の一環として、巡回上映活動を行なっているのが実情であった。そんなわけで、愛国映画や軽いタッチの喜劇映画といえども、芸術性の高い映画に市場でひけをとるようなことは、まったくなかった。映画市場を取り巻く環境がそのような状態にあるなかで、カール・フレーリヒ監修のもと、独立系のプロデューサーたちの協力団体の助けを借りて、レオンティネ・ザーガンが演出した反権力主義映画の傑作『制服の処女』(一九三一年)が、いかに重みのある作品であったかはわかるであろう。同様に、パプストが製作した平和主義映画の大作、たとえば『歩兵部隊の四兵士』(一九三〇年)、『炭坑』(一九三一年)などのほか、トラーヴァ作『無人地帯』(一九三〇年)といった作品がつくられた意義、さらにいうならば、『西部戦線異状なし』があれほどの成功をおさめえた意味は、はかり知れないものがあった。ちなみに、『制服の処女』の監修者だったカール・フレーリヒは、ほどなく変節して、全体主義陣営に転向することとなる(ヒトラー女子青年団の栄光をたたえる作品『僕は君のもの、君は僕のもの』一九三四年を参照)。全国に張りめぐらされた共産党系の文化活動の組織網は強大であったが、それをもってしても、庶民の間に《プロレタリア意識》を覚醒させる目的の長編映画をわずか二本しか製作できなかったのは、製作のための有効な手段を欠いていたからであった。その二本の長編映画とは、ベルリンの貧民の哀れな生活を好んで描いた画家、ハイリヒ・ツィレのシナリオをもとに、ユッツィ・ピエルが製作した『クラウゼ母さんの幸福への旅立ち』(一九二九年)と、ブレヒト、オトヴァルト両人の合作シナリオをもとに、シュラタン・ドゥドウが製作した『凍てついた腹』(一九三二年)で、後者は失業を題材として取り扱った作品であった。この場合にもはっきりさせておかなければならないのは、この二作とも、映画統制委員会の手で一部削除されたテクストに基づいて製作されたものだったことで、映画統制委員会はそのほか、エイゼンスタイン製作の『戦艦ポチョムキン』を含むソ連製の長編映画の輸入および上映を禁止する手を打っているのである。

以上のように、おりからの経済恐慌と、一九三〇年代以後のナチの急速な台頭とによって、ドイツの民主主義がいかにもろいものであるかが、白日のもとにさらされることとなった。当時のドイツの民主主義が脆弱だったのは、帝政時代から引き継いだ遺産があまりにも大きかったことと、共和制支持勢力が多くの派に分裂していて、そうした分裂状態をどうしても解消できなかったことによるものであった。共和派勢力の分裂によって、とくに教育の分野での大胆な改革をテコにして、前衛の当事者が夢みていた《精神の革命》を実現させようとする試みは、結局、失敗に終わったのである。

第六章　共和制の危機と終焉

I　国家主義の台頭

《古いドイツから新しいドイツへの橋渡しを円滑になし遂げたい》と願っていたシュトレーゼマンの死（一九二九年十月三日）と、ウォール街の《暗黒の金曜日》（一九二九年十月二十五日）とがほとんど同時期に起こったことから、この十月という月は、西洋の歴史のなかに往々見られる節目の時期の一つ、と世間の大方からはみなされるようになった。新しい賠償計画（ヤング案）に反対する〈統一国民戦線〉がこの年七月九日にすでに創設されていて、民族主義の台頭が著しかった事態を考え合わせるとき、一九二九年十月を歴史のなかの節目とみなす判断は、ドイツの置かれている当時の状況を理解するうえで、間違ってはいなかった。

連合国代表と、ドイツ側の専門家二人、具体的には連邦銀行《ライヒスバンク》総裁シャハト博士、合同製鋼のフェーグラー博士との間で激しい議論が交わされたあげく、ヤング案によって五九年間（一九二九～一九八八年）の年賦により賠償金が支払われ、そのうち一九六七年以後の分は、アメリカの対連合国債権の返済という形でなされることとなった。この案は、ドイツ政府により、国土の解放と全面的自由の回復を条件に、結局、受諾されることとなった。ハーグでの会議（八月五～三十一日）でドイツ側は、フランス代表の黙認という形ではあったが、ラインラントからのフランス軍の撤兵をかちえて満足する結果となり、シュトレーゼマンはフランス首相アリスティッド・ブリアンから、ザールの帰属問題に関する交渉を開始する約束をとりつけた。国家主義者による激しい反対のキャンペーンがあったものの、ヤング案は議会で、賛成二七〇票、反対一九二票、棄権三票で批准された。しかし、このときの議会での反対勢力は、ドーズ案採決のときよりも六〇票ほど多くなっており、国民投票でも、ヤング案絶対反対を主張する統一国民戦線が全国で六〇〇万票を集めたのである。

一九二九年十一月十七日の地方市町村議会選挙では、伝統的右翼勢力が後退した分、ナチ勢力が躍進したのが目立った。チューリンゲン州では、ナチ党が躍進した結果、ナチ党員ヴィルヘルム・フリックが州政府の内務大臣に抜擢されることとなった。一九三〇年一月に入ると、ナチ党員の政権参加が、いよいよ州の段階では真剣に討議されるようになっていた。

その間、国家財政の赤字は、一九二九年十二月三十一日現在で一七億マルクに達しており、政府与党はいずれも、この問題で悪戦苦闘していた。国家財政の悪化によって、シャハト博士が連邦銀行総裁の地位を追われる一方、ヘルマン・ミュラーを首班とする大連合政府（社会民主党、民主党、中央党、人民党の連立）の登場が促されたのである。

Ⅱ　経済的・社会的危機

一九三〇年三月に大連合が崩壊したとき、ドイツにはすでに三〇〇万人以上の失業者が存在していた。社会の動きがそのような状況にあるなかで、大連合政権は死の苦しみを味わわなければならなかったのである。この段階でヒンデンブルク大統領が中央党のハインリヒ・ブリューニングを首班に指名したことは、国粋主義勢力（国家人民党）の農業重視の傾向を考慮に入れた《ブルジョワ勢力結集》内閣の成立を意味するものであった。農業大臣に保護貿易主義者のマルティーン・シーレが任命されたことで、政府が生活費高騰を促す政策をとることは明瞭となり、その結果、社会民主党を敵に追いやることとなった。ブリューニング新首相は、議会で二五二票対一八七票で右翼勢力の信認をひとまずかちえたものの、一九三〇年七月十六日の予算審議では少数派に転落し、議会を解散するのやむなきに至った。九月三十日の総選挙では、選挙民が現状に幻滅して、左右両極に急進化していることが明らかになった。しかし、ナチ党が広範に票を集めたことは、すべての人びとに意外と受け止められていた。この総選挙でのナチ党の得票は、それまでの八一万票から六四〇万票へと激増し、総投票者数の一八・三パーセントを獲得して、以後、社会民主党（八五七万二〇〇〇票、二四・五パーセント）についで議会で第二党の地位を占めるに至ったのである。これを分析してみると、ナチ党の躍進は、フーゲンベルクの国家人民党の票の二〇〇万票近くを奪ったほか、大衆政党（人民党）から一〇〇万票、他のブルジョワ諸政党からも五〇〇万票を横取りし、さらに一九二八年の総選挙で棄権した二〇〇万票をかき集めた結果であった。ナチ党の躍進に見られる急進化の動きは、左翼勢力の場合も同様であって、社会民主党の票のうち六〇万票が共産党に流れたほか、一九二八年総選挙時の棄権票のうちの約七〇万票を、このとき共産党がかき集めているのである。

ブリューニングにとって、みずからが中央党に所属していることは、依然として切り札となりうる立場であった。というのは、中央党は左右両翼の急進派の台頭には反対の立場にあり、単独で四〇万票を獲得するだけの力をも持っていたからである。といっても、中央党が総選挙で四〇万票をも獲得することができたのは、基本的には婦人の票に負うところ大であった。そのことは、ハーバート・ティングステンの研究書（Political behaviour under the Weimar Republic, New York, 1975）に書かれている通りである。中央党に所属していることが政治的切り札となりうるのは、大連合政府を再現させる可能性があるからであり、大連合政府の実現を社会民主党は内心、望んでいたが、逆に人民党の新党首となったショルツ博士は、断固、これに反対の立場をとっていた。ショルツ博士はシュトレーゼマンよりも明らかに右寄りであり、ナチ党をかかえた《反マルクス主義》政府の実現を望んでいたので、大連合政府に反対なのは当然であった。ところが、一九三〇年十月五日にヒトラーの法外な要求をブリューニングが受け入れたことから、ナチ党を含む反マルクス主義政府をつくろうとの計画は失敗に帰してしまった。そこでブリューニングは、社会民主党からも《辛うじて認められる性格の》少数内閣をひきいていくことには腹を固めた。こうしてブリューニングは、党派はさまざまに変わっても、つねに賛成多数を得て、短い議会の会期中に、緊縮政策を含む多くの緊急法案を成立させていくこととなる。ところが、こうしたブリューニングの政治手法は、民衆を不安におとしいれ、民衆を急進化させる原因となるのである。

こうした不穏な事態を平静化させるために、ブリューニング首相は大統領を動かして、《急進派勢力による陰謀を弾圧するための政令》を発布させたが、この政令により、憲法で保障された権利の一部、たとえば集会の自由とか結社の自由、さらには報道の自由などが、公共の秩序が危険にさらされた場合には、停止されることとなった。ブリューニング首相が財政危機を克服したのも、やはり政令や法規の力を借りてのことであった。しかしながら、そうした努力もすぐに効果が現われたわけではなく、失業者は一九三一年七月に四〇〇万人もおり、同じ年の十月には、これがさらに六〇万人も増加しているのである。オーストリアとの間で結ばれるはずの《関税同盟》にからんだ失敗で人民党出身の外相、ユーリウス・クルティウスが解任されたあとの一九三一年十月に成立した第二次ブリューニング内閣は、もはやきわめて少数の支持基盤しか持っていなかった。議会での賛成票がわずかに一二五票だったのに対し、反対票が五七七票もあるといった事態のなかで、新内閣の頼りにできるのはただ一つ、大統領の意向だけであった。ナチ党、国家人民党、それにフォン・ゼークト将軍を含む人民党の一部が参加する〈ハルツブルク戦線〉が一九三一年十月十一日に結成されると、右翼と極右勢力との連携は一気に強まった。ハルツブルク戦線にはそのほか、ゼークト将軍の取り巻きだったフォン・デア・ゴルツ、ハイエの両元将軍も参加していたし、ホーエンツォレルン家の御曹司数人、シャハト博士、それに鉄兜団の幹部、フランツ・ゼルテ、テーオドール・デュース
テルベルクの両人も加わっており、この戦線は、少数派のブリューニング政権を倒すことをねらっていた。戦線は議会の解散を要求し、一九三一年六月以後に出された政令、法令のたぐいの廃止を求めていて、みずからが政権につく用意があると宣言していた。危機をまのあたりにした社会民主党は、首相を支持することに同意したが、首相自身は、本来の信念からか、右翼寄りの傾向を見せるようになった。そんなわけで政府は議会で二九五票対二七〇票で辛うじて信認をかちえたものの、社会情勢の悪化は依然として続き、この年十二月の失業者数は五七五万人となった。
　このような政治状況のなかで、ナチ党は選挙のたびごとに、着実に勝利を積み重ねていった。チューリンゲン、ザクセン、ブレーメン各州の地方選挙で、今回も社会民主党の票を食って、州議会で三〇議席を獲得したナチ党は、ハンブルク、ついでヘッセン両州の州議会でも議席を得た。ナチ党員を政府の責任者と仲良くさせて、これを懐柔しようとするやり方も普及し始めていた。十月二十八日には、ヒンデンブルク大統領の黒幕的存在のクルト・フォン・シュライヒャー将軍がヒトラーと会って、昼食をと

もにした。それからひと月後に、ナチ党の政権獲得計画を記した文書（「ボクスハイム」といわれる文書）が捜索によって暴露されたが、ナチ党自身はこれをデッチ上げと称し、左翼勢力はヒトラーの党が武装化していることに警戒感を強めた。そのころナチ党は、党員数が七〇万人に達したと豪語していた。

III　ヴァイマル体制の危機

六〇〇万人にのぼる失業者をかかえたままで明けた一九三二年という年は、ヴァイマル共和国の命運を決する年でもあった。この年、最初に展開された戦いは、四月に任期の切れる大統領の後継者を決めるための選挙であった。

わずかの二週間に二三〇万人もの署名を集めた〈ヒンデンブルク委員会〉の推薦者名簿を見せられて説得されたヒンデンブルクは、一九三二年二月一日、再度、大統領選挙の候補となるのを受諾した。ありとあらゆる政治的陰謀がうず巻くなかで、社会民主党は即座にヒンデンブルク候補支持の方針を決めた結果、皮肉なことに、右寄りのヒンデンブルクが共和派の候補となったのである。これには右翼勢力のほうが当惑したが、それではとばかりにフーゲンベルクは、ヒンデンブルク元帥自身が名誉隊長でもある鉄兜団の副団長、デューステルベルクを、ためらうことなく候補に選んだ。一方、ヴィルヘルム・フリックの仲介でギリギリで駆け込み的にドイツ国籍を手中にしたオーストリア国籍のヒトラーも、共産党のエルンスト・テールマンと同様に、大統領の椅子をねらって戦うこととなった。一九三二年三月十三日の第一回投票は、ヒンデンブルクが過半数にわずかに一六万八〇〇〇票（〇・四五パーセント）及ばないだけという結果に終わった。このとき、社会民主党系の労働者やドイツ南部のカトリック系の選挙民が、東部出身のプロテスタントであるヒンデンブルクに投票する一方、プロイセンの農村では選挙民がこぞって、オーストリア出身のカトリック系の上等兵、ヒトラーに一票を投じるという皮肉な光景が展開された。四月十日、結局、五二・九三パーセントを得票したヒンデンブルクが再選されたが、このときの得票率はヒトラーが三六・六八パーセント、テールマンが一〇・一三パーセントであった。鉄兜団の候補は途中で立候補を辞退し、フーゲンベルクは隊員たちに棄権を呼びかけていた。こうした鉄兜団の態度が、そうでなくても存在した思想上の混乱に拍車をかける結果となったわけで、当選の見込みのまったくない自派の候補に見切りをつけ、ヒトラーに投票することによって体制に反対の態度を《はっきりと》表明した共産党員も七〇万人ほどいたと推定されている。

ヒンデンブルクが大統領選挙で勝ったからといって、解決した問題は何もなかった。それは、共和制の諸制度が、うわべだけのものにすぎなくなっていたからである。ボケの激しいヒンデンブルク（八十五歳になっていた）はすでに、取り巻き連の手中でもてあそばれる人形にすぎなくなっていた。取り巻き連というのは、シュライヒャー、ハマーシュタインの両将軍、官房長官オットー・マイスナー、農相オルデンブルク＝ヤヌシャウ、それにヒンデンブルク自身の息子であるオスカル・ヒンデンブルクらであった。一九三二年も五月に入ると、人民党を含むすべての右翼勢力が、ブリューニング首相の退陣を求める運動を展開し始めた。五月三日、クルップが主宰する〈ドイツ産業連盟〉と近い関係にある経済相、ヘルマン・ヴァルムボルトが辞任した。政争の種になったのはブリューニング首相の進めるデフレーション政策で、産業界はこぞって、これを拡大政策に改めるべきだと求めていた。五月十二日、ブリューニング内閣はまたも議会での信認を得たものの、右翼勢力はほこをおさめようとしなかった。農業関係者と大統領側近の政治家たちはヒンデンブルク大統領を説得して、五月二十九日にブリューニング首相に、受諾不可能な要求を手渡させるのに成功した。その要求のなかには、労働組合幹部を廃除すること、《農地の共産化》をやめることとの二項が含まれていた。これを受けて閣議を招集したあと、ブリューニングは、即時、内閣総辞職する決心をした。翌日、総辞職は、軍事パレードに出席しようと身支度を整えつつある大統領により、五分間で受け入れられた。プロイセンの田舎紳士ヒンデンブルクは、こうして自分の大統領再選に尽力してくれた中央党出身の首相に、すげなく引導を渡したのである。

一一人の閣僚のうち八人までが貴族であったところから､世に《男爵内閣》と呼ばれるフランツ・フォン・パーペン（一八七九〜一九六九年）首班の新内閣には、共和制のなごりといえそうなものは、もはや何一つ残されていなかった。新内閣の唯一の使命は、シュライヒャー将軍を首班に、ナチ党を加えた内閣をつくることができるようにするための総選挙を実施するよう、無事、ことを進めることにあった。シュライヒャー将軍はこの計画を充分に承知しており、大統領たるヒンデンブルク元帥も、《ボヘミアの上等兵》ヒトラーと手を結ぶことを暗黙のうちに了承して、その準備を着々と進めていた。パーペンは、各党と事前に接触することなく、一九三二年六月三日、議会を解散させるとの政令を発表する手を打った。この機をとらえてパーペンは声明を発表し、そのなかで「世界に共通するキリスト教精神の万古不易の原則に基づいて、新生ドイツを再建する」つもりであることを明らかにした。君主制が復活するのではないかとの噂も巷間ささやかれた。これと時を同じくして、それまでも表に出ないまま続いていた連邦政府と州政府との間の確執が、一九三二年四月二十四日のプロイセン州議会の改選を機に、突如、先鋭化したのである。

このときの選挙で、八〇〇万票（投票総数の三七パーセント）を得て、それまでの九議席から一挙に一六二議席を占めるに至ったナチ党は、文字通り、プロイセン州議会の第一党となり、中央党の助けを借りながら州政府を支配していた社会民主党の二倍近い議席数を占めるようになった。新しい事態を受けて州政治をどう運営していくかについて各政党間で協議がなされることとなっていた（バイエルン、ヴュルテムベルクの両州では、すでに協議が開始されていた）が、その結果が出るまでの間すら、従来の州政府が懸案を処理することをパーペンは許さず、その代わりに連邦委員を任命して、その人物を事の処理に当たらせようとした。

その間、プロイセン州議会はナチ党員ハンス・ケルルを議長に選出したが、七月三十一日には、州政府首相だった社会民主党出身のオットー・ブラウンの後継者の任命を延期した。七月二十日、パーペン首相は、暫定的に大臣をつとめている中央党出身のゼーヴェリング（内相）、ヒルツィーファー（保健相）の二人を呼んで、憲法第四八条に基づいて連邦大統領から自分（パーペン自身）がプロイセン州の連邦委員に任命されたことを知らせた。これを聴いたゼーヴェリングは、自分は力に屈するつもりはないと答えた。ゼーヴェリングの決意表明はりっぱというほかなかったが、その決意も二日ともたなかった。というのは、このときベルリンおよびブランデンブルク地方に戒厳令が布告され、その布告に基づいて首相の協力者を伴ったルンシュテット将軍の率いる一隊が出動したが、その首相の協力者なる人物がゼーヴェリングに職を辞するよう、有無をいわせず命じたからである。ゼーヴェリングは、これに唯々諾々と応じた。この日の社会民主党機関紙もまた党員に、いっさいの暴力的抵抗をしないよう呼びかけていた。新たな立法府の選挙があってから一〇日もすると、この種の譲歩はナチ党に対してもなされるようになった。ナチ党機関紙『フェルキシャー・ベオバハター』は、ためらうことなく次のように書いた。「一九一八年十一月のドイツ敗戦時にできた〈十一月体制〉は、いまや清算されるときが来た。十一月体制清算の歴史的意味は、ナチ運動が自由になされるようになることであり、ナチ党が国家権力を握ることである」と。ドイツ国民のうちの一七〇〇万人が、ナチ党のいうがままになろうとしていたのである。

一九三二年七月三十一日の総選挙の結果、議会は前代未聞の事態となった。人民党、国家党（民主党の後身）、経済党といった小政党は、全部合わせても、もはや一二議席でしかなく、キャスティングボートを握るにはほど遠い状態となった。中央党の議席数は七七議席、社会民主党も一三三議席であった。《ヴァイマル連合に参加した諸政党》は、全部合わせても、全議席数六〇七のうち二三五議席にすぎず、これは二三〇議席を獲得したナチ党をほんのわずか上回る数字でしかなかった。その結果、《ヴァイマル連合》は、いっさいの連合関係を拒否している共産党の助けを借りなければ、過半数を制することができなくなったのである。これに対してナチ党のほうも、友党であるドイツ国民連合の議席を合わせても、二七九議席でしかなかった。政局が生き詰まった状況にあったにもかかわらず、ナチ党は臆することなく、八月五日に連邦政府の首班を要求し、それから三日後にゲッベルスは、ヒトラーを首相候補とするよう求めた。八月十三日、ヒンデンブルク大統領はヒトラー、ゲーリング両人の入閣を認め、副首相を含む三つの閣僚ポストをナチ党に与える旨を明らかにした。ヒトラーはこれを拒否し、パーペンを裏切り者であると非難した。非難されたパーペンは、すでに組閣した内閣を議会で表決に付することにはらを決め、不信認となった場合には議会の解散を宣する権限を大統領から取り付けた。九月十三日、議会の会期中に、新たに議長に選出されたばかりのゲーリングが大芝居を演じて内閣の信を問い、その結果、パーペンの内閣は、賛成四二、反対五一二、棄権五で不信認となった。議会解散が宣せられた。

このように議会を舞台に政治劇が展開されている間にも、ドイツの失業者は五四〇万人を数えていた。現存する行政当局は、これにほとんど関心を示そうとしなかった。一九三二〜一九三三年の国家予算は政令によって公布され、一連の政府命令（六月十四、十六の両日と九月四日にそれぞれ出された）によって緊縮政策はますます強化された。こうした緊縮政策は、労働組合の反対（全独の組合がこぞって反対したことも一度あった）を招いただけでなく、東部の農業資本と、それ以外の産業資本との間に紛争を引き起こした。東部の農業資本の側は、国内市場の支配権をみずからの手に確保しておくために、農産物の輸入量に割当制を設けるべきであると主張していたのに対し、産業資本側は、大量の失業者が発生している時代に生活費の高騰を招く政策をとれば、いっそう、輸出が圧迫されるとして、輸出振興策を唱えていたからである。一九三二年十一月六日に総選挙が行なわれたが、そのあとも事態が改善されることはほとんどなかった。このときの総選挙でナチ党は、前回にくらべて二〇〇万票を失ったが、右翼勢力は、もはやナチ党を抜きにしては政権につくことができない状態にあった。パーペンは、ヒンデンブルク大統領の信認をテコに、政権を維持しようとした。各政党との間で交渉がなされたが、いずれも不調に終わり、十一月十七日、パーペン内閣は総辞職に追い込まれた。

かねて左翼勢力に話を持ちかけるのはむだだと考えていたヒンデンブルク大統領は、それから二日後、こうなった以上、ヒトラーに組閣させる以外にないと考えるに至った。ただし、その条件として大統領が挙げていたのは、フォン・ラート男爵を外相、シュライヒャー将軍を国防相にそれぞれ任命すること、政令や法令を介しての政治をやめることの二点であった。これまでの歴代首相と同様、全権を付与された内閣をつくるつもりだったヒトラーは、これを聞いてだまされたと感じ、身をひいた。中央党支配の内閣には協力できないとフーゲンベルクが表明したのを聞いた中央党党首カース卿もまた、このとき苦杯をなめさせられた一人であった。このような危機的状況のなかにあって、事態をさらに悪化させていたのが、連邦と地方各州との確執であった。一九三二年十月三十一日、パーペンはプロイセン州連邦委員として振る舞い、辞任したことになっているプロイセン州のブラウン内閣を十月二十五日のライプツィヒの憲法裁判所の判決に基づいて存続させながら、プロイセン州政府と連邦政府とを合体させるという手を打った。こうしてプロイセン州には、二つの政府が存在することとなった。一つは合法的ではあるが権限のないブラウン政府、もう一つは、州連邦委員を代表する非合法ではあるが執行権のあるブラハト政府というわけである。こうしたパーペン首相のやり方に腹をたてたバイエルン州政府とプロイセン州との間にも暗闘が演じられるようになった。バイエルン州政府は、連邦制の利点を強調する中央党系の新聞に支持されていたが、いずれにしても、両州の対立はドイツ統一の問題を、またも提起する結果となったのである。

このような推移のなかで、シュライヒャー将軍は、パーペンはもはや首相の任に耐えないとヒンデンブルク大統領を説き伏せるのに成功した。こうして十二月二日、シュライヒャーは、競争相手のパーペンの跡を継いで、首相の椅子についたのである。ラジオで放送されたシュライヒャー新首相の施政方針演説の評判がよかったことは、パーペン前首相が、賃金引き下げを命ずる政令を九月四日に撤回していたことと相まって、社会の緊張した雰囲気をやわらげるのに大いに役立った。労働組合も満足の意を表明した。十二月の六日から九日にかけて召集された議会は、国家反逆罪に恩赦を与える法案を三分の二の多数で可決し、そのあと無期限に閉会してしまった。外見はともかく、現実には政治危機はまだ解決していなかった。ただしシュライヒャー首相自身は、政権をとるのに失敗して途方に暮れている状態のナチ党の内部に分裂を持ち込むことによって、政治的危機は解決できると信じていた。そこでシュライヒャー首相は、十二月七日にヒトラーと公然とたもとを分かったグレーゴル・シュトラッサーとともども、ナチ党内の左翼分子を懐柔することを思い立った。ところが、こうしたシュライヒャーの作戦は、結局、失敗に終わった。それは、一時ためらいを見せていたゲーリング、ゲッベルス両人の助力を得たヒトラーが、党の団結を維持するのに成功し、党の財政難を克服することができたからで、財政難克服は、パーペンの仲介で、銀行家シュレーダーと重工業資本がナチ党に補助金を与えることに同意したからであった。このようないきさつから、年が明けて一九三三年になったころには、右派の政府ができればナチ党がこれに参加することには、なんらの異論も出ない状態となっていた。首相シュライヒャーは、議会を無視した政治をしたいと考え、大臣の権限も改めて、帝政時代のやり方に戻したいと策していた。これにはナチ党から社会民主党にいたるまでのあらゆる政治勢力が、そろって異議を唱えた。シュライヒャーの目論見もさりながら、それよりも事実のほうが先行することとなる。一九三三年一月四日、パーペンとヒトラーは、ケルンにある銀行家シュレーダーの邸で会見し、ここで、ナチ党およびフーゲンベルク配下の国家人民党を含む《連立政府》を組閣することで両者は合意した。この計画には議会内の国家人民党の議員団が、一月二十四日になって、《地方での事情》を理由に反対の立場に転ずる旨、宣言した。それから一週間後に開かれる予定の議会では、シュライヒャー首相は、パーペンを上回る票を期待することがほとんどできないような状態にあった。そこでシュライヒャー首相はヒンデンブルク大統領に、議会解散の政令に署名するよう求めた。ところが大統領は、これを拒否したのである。ヒンデンブルク大統領は、《東方援助の醜聞》を告発するという思い切ったことをした《社会主義的将軍》シュライヒャーに腹をたてていた。東方援助の醜聞とは、フランス大使アンドレ・フランソワ＝ポンセの言を借りれば、いわば《東プロイセン出身の田舎紳士たちによるパナマ運河事件》とでもいうべきもので、この事件には大統領の実の息子が連座していた。大統領の息子が、ノイデックにある一族の領地が担保になっていたのを、五〇万マルクの補助金を流用して担保を解いたというのである。一月二十八日、シュライヒャーは内閣総辞職の申し出をし、パーペンは大統領により、情報管理の使命を与えられた。パーペンに与えられた情報管理の使命は、急を要するものであった。というのは、その翌日、早くもヒトラーが、新しい政府をつくるよう委嘱されたからである。一月三十日、ドイツ連邦首相となったヒトラー総統は、それまで否定し続けてきた共和制に忠誠を誓うめぐり合わせとなるが、ヒトラーはその後、その共和制を、またたく間に葬り去ってしまうのである。

結び　ヴァイマル共和国は他殺されたのか自殺したのか

ヴァイマル共和国が存在した十四年間を分析してみると、二つの事実が浮かび上がってくる。一つは、ヴァイマル共和国がナチ党勢力によって殺害されたという事実であるが、しかしそれも、ヴァイマル共和国の本来的な支持勢力が、体制そのものにいや気がさしていなかったとすれば、実現しなかったはずであるという事実である。

それでは共和制が、本来的な支持勢力にまでいや気をいだかせるようになったのはなぜかといえば、根本的には一九一九年以来、一貫して続いた社会民主党とドイツ共産党との致命的といっていい対立関係から、左翼を支持する選挙民が、どのような投票行動をしていいかわからなくなっていたことである。左翼勢力としては、とくに終戦直後のインフレーションの時代、一九二三年から一九二四年にかけての経済建て直しの時期、それに一九二九年の恐慌の時代に、選挙民に緊縮政策の重荷を背負わせなければならなかったところから、ブルジョワ諸政党や軍部と妥協しなければならなかったし、なかでも共産党は、右翼や極右勢力の実力を過小評価して政治行動していたことも、左翼支持の立場にある選挙民を戸惑わせる原因となっていたのである。一方、支配的な立場にある階層（その大部分は、帝政時代の階層がそのまま温存されていた）は、たとえそれが右翼政党であろうと、軍部であろうと、一九二五年以後の共和国大統領の取り巻きであろうと、あるいは農業資本、産業資本、高級官僚組織、裁判所、教会であろうと、その別なく、すべてが力を合わせて、共和制のもとにありながら、組織、制度いっさいの改変を阻止するのに成功したのである。一九三二年の時点でみても、生産手段のすべてが、相変わらず、人口の一二パーセントにも満たない少数者に握られたままであった。ヒンデンブルク大統領が《農地の共産化》とみなしていた土地の再配分政策は控え目ながら実行されたが、それをもってしても、七人の土地貴族だけで八〇万ヘクタール以上の土地を所有しているといった状態は変わらず、一六〇万ヘクタール程度の土地が、五〇〇万人にのぼる零細農民に分け与えられたにすぎなかった。企業内の労働組合活動の改善や教育の民主化も、同様に失敗したことは明らかであった。そのほか、憲法第一〇二条で独立が保障されているはずの裁判所も、その大部分が帝政時代の裁判官に握られたままで、しかもそれらの裁判官たちは、共和制の合法性を強調することには関心がなく、もっぱら《過去の美徳》を擁護することに汲々としているありさまであった。

若者たち、とくに婦人がとった態度については、語られることが多く、それらの議論のなかでは、若者たちは、共和制から提供された恩恵にさんざん浴したあげく、最後にはナチ党の腕のなかに身を投じたのだとする説が強い。しかし、ほんとうは、青年たちが何を望んでいるかを左翼および極左勢力が理解できなかったことから、青年層の大部分が、一九二〇年に入るとすぐに、みずからが《革命的》であると考えている運動に背を向け、社会文化の変化を志向する方向に態度を変えたとみるのが妥当であり、その社会文化の変化なるものが、実は保守的な倫理や思想を温存しようとする性格のものであったというのが真相なのである。さまざまの形をした個人による反抗が見られたのは、そうした背景によるもので、それは都市部では文化的な協会や集団がやたらに増え、農漁村部では、これと対照的にすべてを諦観する風潮が蔓延していたことに現われていよう。こうした期待への失望感は、新たに手に入れた参政権に大きく期待していた婦人層に、顕著に見られた現象であった。一九一九年に婦人たちは大挙して投票所に駆けつけた（シュトゥットガルトで一九三二年に発行されたハンス・バイヤーの『政治決定における婦人の役割』によると、このときの総選挙では、男性の投票率が八三・七パーセントだったのに対し、婦人は八一パーセントであった）のが、一九二〇年以後、婦人の投票数は着実に減り続け、地方では男女の投票率の差（婦人の投票率は五三パーセント近く）は二〇パーセントにまで拡大していたのである。

女性の国会議員の比率も、一九一九年の九・六パーセントから一九三二年の三・六パーセントへと大きく変動（イギリスは二・一パーセント、アメリカは一・一パーセント。フランス女性は一九四五年にやっと選挙権と被選挙権を得ることとなる）し、ドイツ婦人は州議会で一五五議席、地方の市町村議会で総議席数の一〇パーセントを占めていたが、にもかかわらず、ドイツ女性は議会内でも実社会でも、ヴァイマル憲法のなかに明記されている男女間の権利の平等を確固たるものとすることができなかった。若年層に与えられる社会政策的援助、家庭内で働く婦人の労働条件、妊婦の母体保護などの部面でいくらかの改善がなされたほか、公職や、以前は婦人に門戸が閉ざされていた法曹界の職に就く機会も増えたが、にもかかわらず、婦人たちは相変わらず、刑法のなかの男女差別条項の対象とされていたほか、雇用や職業訓練などでも差別を受けざるをえなかった。公私の部門で働く一一五〇万人の婦人のうち、熟練労働者といえる女性は一五万人ほどでしかなく、農業部門で働く四二五万五〇〇〇人の女性の大部分が無報酬で、法的地位も認められていなかった。こうした事態を無視するかのように、共産党は婦人問題について、ことさらに言及することなしに《労働者大衆全体》の生活水準の向上を声高に叫んでいた。社会民主党も、他の政党と連立を組んでいたので、思い通りの政策を実行できない状態に置かれていた。婦人問題に関しては、中央党も、人民党内の市民主義者や国家人民党の保守主義者たちと同様、婦人は家庭にいて、母としての任務を果たすのが《自然な天職》であると主張していた。婦人が職業に就くことは、一時しのぎの窮余の策とみなされていたのである。

経済が危機に瀕しているなかで、婦人たちは、自分たちが政党に守られている度合いは男性にくらべて低いと感じていた。こんにちの状況とは反対に、当時は失業の犠牲となる女性は男性よりも少ない状況(こんにち、三人の労働者のうち婦人が一人であるのに対し、当時は一〇人に一人の割合だった)にあった。同一の労働をやらせても、女性には男性の給与から最大限三〇パーセントを引いた額を支給すればよかったので、企業の側は女性従業員の解雇を控えたがるのが実情であった。そんなわけで、婦人が一家の生計をまかなっているという例も少なくなかったが、それには父や夫や同棲者が、失業しながらも、十九世紀におけると同様に、《雇用の女泥棒》に対する労働界からの敵意を耐えしのばなければならなかったことも理由の一つだったのである。政府部内では、ともに中央党に属する首相のブリューニングと、労相のアーダム・シュテーガーヴァルトの両人が、一九三一年に公にされたローマ法王の回勅「四〇年」によって大いに勇気づけられたと感じていた。この回勅のなかには、一家の生計をまかなっていけるだけの収入のある夫を持つ既婚婦人を解雇することによって、失業問題を解決するようにと記されていたからである。そのための法案が議会を通ったのは、ようやく一九三二年五月のことであったが、法案成立に力を貸したのは、中央党と右翼勢力、それにナチ党であった。しかも、法案が成立する前に、所帯内での二重俸給(Doppelverdiener)に反対する国民運動が展開されるという一幕もあったのである。この法案には、左翼の諸政党と労働組合が、表向きは反対していた。反対派の言い分は、同一労働・同一賃金の原則のみが十九世紀への後退を阻止できるというものであったが、経済危機により息を吹き返したさまざまの偏見、しかも反対勢力自体の下部組織までが、ときにいだいている偏見を排除していくのに、そうした言い分だけで通るかどうかには疑問があった。法案に反対するこうした態度に対しては、〈ドイツ婦人会連合〉（Bund dentscher Frauenvereine, BDF）もいっそう、批判的な立場を明らかにしており、連合の幹部たちは、男女差別法案に反対の声をあげることはなかった。しかも、連合幹部のうち、クララ・メンデ、ケーテ・ゲーベルの両人は、それぞれ経済省、中央雇用庁で要職を占めていたという事実も、考慮に入れておかなければなるまい。そのころ内務省の女性顧問になっていた連合元会長のゲルトルート・ボイマーも、自分が所属する政党、ドイツ国家党（ドイツ民主党の後身）が、議会での投票に際して、棄権するのを黙認した。ボイマー女史らのこうした態度は、婦人会連合の指導部から民主主義的分子を徐々に排除しようとしている保守勢力や《民族的》勢力を喜ばす以外の何物でもなかったのである。

ドイツ婦人会連合が保守的な路線を歩んでいることは、一九二八年の総選挙のときから、すでに明らかだったことである。この総選挙で、婦人会連合は共産党および社会民主党の候補を一人も支持せず、ドイツ民主党（中道左派）の候補二九人を支持したのはまだしも、そのほか、中央党の候補一人（カトリック教徒の女性で婦人会連合に入っていなかった）と、参政権を含む婦人の権利のいっさいに一貫して強く反対している人民党およびドイツ国家党の候補五三人を支持したのである。婦人会連合の会長だったプロテスタントで自由主義的歴史学者のアグネス・フォン・ツァーン＝ハルナック女史は、一九三二年の最終報告書のなかで、ドイツが遭遇している危機を解決するには、議会制を廃して、ドイツをファシスト・イタリア型の協調組合国家にする以外に方法はなく、それに伴って、婦人の《協同組合》を設けるべきであると主張していた。こうした考え方が、いかに思慮を欠いたものであるかは、ツァーン＝ハルナック女史の前歴を見れば、明らかになるであろう。ツァーン＝ハルナック女史は、一九三〇年から一九三二年にかけて、〈ユダヤ婦人会連合会〉と手を組んで反ユダヤ主義に反対する闘争を実践しておきながら、ユダヤ人と女（《赤》はもう問題外となっていた）を敵に回して闘っているおかげで力をつけてきたナチ党に幻想を抱いているとして、婦人会連合の前会長、エマ・エンダースから危険人物として警戒視されていたのである。ツァーン＝ハルナック女史の見解がいかに思慮を欠いたものであったかは、当時、ドイツ婦人会連合が、平和を守るための国際的な署名運動に参加していた事実を挙げれば、いっそう、はっきりするであろう。ついでながら、ドイツ婦人会連合がこうした署名運動を実践していることに反対して、有力な下部組織である〈家庭婦人連盟〉が、連合から脱退したという事実も付け加えておかなければなるまい。

主として中産階級出身の六〇万人にのぼる加盟者を擁するドイツ婦人会連合のとった態度が、これほど矛盾に満ちたものであったことは、ヒトラー前夜のドイツで思想上の混乱がいかに激しく、万事がいかに乱脈をきわめていたかということを何よりもよく物語るものであった。ヒトラーが勝利をおさめえたのは、婦人有権者たちからの熱烈な支持を受けたからだとするヒトラー自身の主張を、あらゆる立場の多くの歴史家たちが鵜呑みにしてはばからなかったが、それまで左右両翼の急進的勢力を敬遠していた婦人有権者たちが、一九三二年十一月以降、男性有権者と数のうえでは負けないくらい大挙してナチ党に一票を投じるようになったことは、間違いなく事実なのであった。一九三〇年九月の総選挙で、婦人有権者のうち社会民主党に投票した者の数は、男性の投票者を四・五ポイント上回っていたし、中央党と右翼勢力に一票を投じた婦人有権者も男性を二〇ポイントも上回っていた事実を考え合わせるとき、婦人有権者の政治行動の変化が、ヒトラーに有利に働いたことは間違いなかろう。いずれにしても、共和制の誕生の恩恵を受けて自由の身となった人びとはごく少数でしかなかったことが、有権者の行動に反映されていたとみることができるが、その解放された少数者たちも、ほどなくナチ党の手で沈黙を強いられたりして、処刑されたり、国外に追放されたりした前衛派の文化人や《好ましからざる者》のすべてと同様の運命をたどることとなるのである。

以上のような経緯を振り返ってみるとき、ヴァイマル共和国とはつまるところ、ヴェルサイユの講和会議で戦勝国の側にすわっていた諸国から押しつけられた、非ドイツ的で、はんぱな時代だったのだろうか、それともドイツの伝統とは無縁の、アングロサクソン流の民主主義のまねごとにすぎなかったのだろうかと、迷わずにはいられない。だが、そうした疑問をいだくこと自体が、ヴァイマル共和国の裏付けとなっている思想は、あのフランクフルト国民議会が、ほんの短い期間ではあったが、体現した十九世紀流のブルジョワ自由主義に根ざすものであるという事実を無視することになる。それに、中央党の信奉するカトリック教の教義にしても、一八九一年の法王の回勅〈レールム・ノワールム〉がキリスト教の見本として挙げている社会的構成要素をきちんと包含したものであった。社会民主党の掲げる修正マルクス主義に関していえば、これも、ベーベルと、そのあとに続いたベルンシュタインの手を経て、ドイツに固有の型となった社会主義の一形体だったのである。ヴァイマル型の共和制は、いままで見てきたように、その始まりの一九一九年から終わりの一九三二年まで、選挙民の三〇パーセントが不興をいだく制度（一九一九年には六六パーセント、一九三二年には三六パーセントが不興をいだいていた）であった。ヴァイマル共和国がこれほど多くの選挙民の不興を買った原因は、政治的にも経済的にも、また社会文化的にも、この体制が数々の失敗を重ねたからにほかならなかった。

ヴァイマル共和国の当事者たちが発展させようともくろんでいた西欧ふうの民主主義は、共和制の諸制度の恩恵に浴する社会階層をできるかぎり増やし、これを統合していくことを前提とする。一九二一年から一九二三年にかけての経済危機の時代以後、インフレーションによって生活手段を破壊されただけでなく、現存する権力への信頼までもが傷つけられて、社会からのけ者にされたのが中産階級であったが、さらにそれに加えて、労働者大衆までもがしだいに犠牲となっていく。労働者大衆は、みずからの社会的立場の低下と、旧体制下の特権者たちが、かつての力を取り戻しただけでなく、ますます強力な存在となっていくような政治状況の変化に、幻滅を感じるようになっていったのである。要するに、社会の組織機構を根本から改良しないかぎり、ドイツには民主主義が存在しえない状況であった。ところが、その改良なるものは、とうてい不可能なことであった。それというのも、ヴァイマル体制下の政治指導者たちは、修正マルクス主義者、改良主義者、自由主義者、キリスト教徒といった多くの派に分裂していて、所有権とか、自由とか、宗教といった基本的な問題についてさえ、お互いに意見が対立していたからである。権力の座にあった諸政党にしても、均一の《世界観》を欠いていたので、ヴァイマル体制をともに敵視する共産主義とナチズムという組織的で活力ある二つの思想の台頭を前にしても、やはり力関係を拠り所とする妥協以外に合意を得ることができなかったのである。

それだけではない。もう一つ、ヴァイマル体制は、ドイツがドイツであるあかしが何であるかという基本的な問題にも答えることができなかった。この問題は、敗戦とヴェルサイユでの《強要》からくるドイツ国民の強い欲求不満が強まれば強まるほど、いっそう、ないがしろにできない問題となる。ところで、ドイツのあるべき姿についていえば、社会民主党が、あいまいな輪郭ながら、《帝国》という概念を保持できるといった程度の民主主義を取り込んだ〝小さなドイツ〟というビスマルク流の定義で充分に満足していたのに対し、中央党は、均衡のとれたキリスト教国家の創設をめざす連邦制の〝大きなドイツ〟（これにはカトリック教国家であるオーストリアが取り込まれる）を夢みていたし、自由主義諸勢力は、同じく〝大きなドイツ〟の出現を望んではいたが、こちらは中央党のめざすものよりも、より統一的で、宗教色のより希薄な国家を指向していた。人口の一七パーセントを占める共産党への投票者たちは、一九三二年に至ってもまだ、ソヴィエト型人民共和国が最も望ましいと考えていたのに対し、ドイツ国民の半数近くが、あいまいな形ではあるが、同時に戦闘的でもあるドイツ民族至上主義の考えにとらわれていた。このドイツ民族至上主義の概念は、国家主義者の宣伝活動によって広く普及する結果となったが、また同時にフランスをはじめ、西欧の民主主義諸国が、民主主義国家としては未成熟なドイツに、しばしば無理解な態度をとったことも、ドイツ民族至上主義を助長させる遠因となっていたのである。

このように見てくると、〈ヴァイマル共和国〉とは、要するに、ドイツの歴史のなかで、第二帝国と第三帝国という二つの《強かった時代》にはさまれた《弱かった時代》だったのか、という疑問が生じてこよう。しかし、そうした結論を下すことは、ナチに支配された、あの暗黒の時代が到来する前に、世界の文化に大きく貢献した、あの文句なしに輝かしいドイツの文化遺産をないがしろにすることになるのである。

訳者あとがき

本書は、Rita Thalmann, *La République de Weimar* (coll.«Que sais-je?» n° 2300, P.U.F., Paris, 1986) の全訳である。訳出に当たっては、一九九五年版を底本とした。

著者タルマンは、ドイツ現代史の泰斗として有名だが、その豊かな学識をジャーナリスティックな筆致で読者に提供する手腕にたけていることでも、ヨーロッパでは広く認められており、著書には『一九〇〇年から一九四五年までのドイツにおけるプロテスタンティズムとナショナリズム』(一九七六年)、『ヴァンゼーの議定書――反ユダヤ主義から最終的解決まで』(一九七六年)など、堅い内容のものから『有無を言わせぬ態度でフランスを占領下に置いたドイツ――一九四〇〜一九四四年』(一九九二年)といった比較的軽いタッチのものまで、多岐にわたっている。

本書のテーマである〈ヴァイマル共和国〉とは、第一次世界大戦で敗戦国となったドイツにおいて、左翼革命がおきた結果として、ひょうたんから駒のような形で生まれた国家体制のことだが、文豪ゲーテやシラーでも有名な、ドイツで最も文化的な都市であるヴァイマルで制定された憲法にもとづく共和制であるところから、いつからともなく、こう呼ばれるようになった。

そのヴァイマル憲法は、「世界で最も民主的な憲法」と評されて、世人の注目の対象となっていたが、その憲法にもとづいてできた〈ヴァイマル・ドイツ〉は、わずか一四年間しか続かず、あとはあの悪名高いことでは歴史上比肩するもののない〈ヒトラーとナチズム〉に、その座を譲って、歴史の舞台から姿を消した。

本書は、そのヴァイマル共和国ができるまでのいきさつから説き起こして、体制下の政治、経済、社会、思想、教育、学術、芸術・文化などの実態について紹介し、最後に、体制が終焉するまでを跡づけている。ご覧のとおりの小冊子ながら、必要なことは、過不足なく、要領よく説明している点は、類書に見られない本書の特徴であると言っていいであろう。

ヴァイマル共和国の功罪を語る場合、あれだけ理想に近いとされる憲法を持ちながら、短命に終わったことから、罪のほうは、いくらでも数え上げることができよう（本書のなかでも詳述されている）が、功としては、まず何よりも、体制下に首都ベルリンを中心に、ときならぬ繁栄の花を咲かせた特異なその文化を、まず挙げなければなるまい。〈黄金の二〇年代〉と呼ばれる当時のドイツでは、文学、美術、音楽、映画をはじめ、文化、芸術のすべての部門で、世界に比類のない、香り高く、妖艶で、爛熟した、まばゆいばかりの作品が生み出され、その中心となったベルリンは、ドイツの首都である以上に、〈世界都市〉として光彩を放っていた。著者は、そうした世界に冠たるヴァイマル文化についても、目配りよく紹介しており、そのバランス感覚のよさには敬服させられる。

＊　＊　＊

訳出作業では、毎度のことだが、固有名詞の表記にまず悩まされた。書名の『ヴァイマル共和国』も、世間では「ワイマール」と表記しているものもあるが、「ヴァイマル」が原音に最も近いと判断し、編集部とも相談のうえ、これを採用することとした。そのほか、ヴァイマル文化を紹介する部分には、人名がやたらと出てくるが、それらについては、今回はDudenの発音辞典(一九六二年版)を参考にしながら、できる限り正確を期すよう努めた。

翻訳作業を進めながら固有名詞の発音に関して感じたことをここで二、三述べさせていただくと、ドイツ人男性のファーストネームに多い「Otto」は、日本では「オットー」と表記される場合を多くみかけるが、Dudenによると、「オト」が原音に最も近いよう(本訳書では、とりあえず「オット」と折衷的な表記にしておいた)だし、シュトラッサー兄弟の兄のほうのファーストネーム「グレゴール」も、正しくは「グレーゴル」とのことである。そのほか、本訳書には現れないが、ヒトラーのファーストネームは「アドルフ」であるよりは「アードルフ」が原音に近いはずだし、そのアードルフの愛人だった「エヴァ・ブラウン」(と多くの翻訳書では表記されている)も、「エーファ・ブラウン」のほうが、おそらくは原音に近いのではないだろうか。

ヴァイマル共和国について語りながら、とんだ脱線をしてしまったが、外国語の固有名詞の表記が翻訳者にとって、頭の痛い問題であることは、昔も今も変わりない。ドイツ語(フランス語の場合も同様だが)には、明治以来のローマ字読みのままの固有名詞が慣用化してしまって、いまだにそのまままかり通っている例が少なくないようだが、そろそろ一考してもよい時期ではないかという気がする。

固有名詞の表記について、長々と書きすぎたが、話を元に戻すと、本書は、内容がきわめて多岐にわたっている。とくにヴァイマル文化を紹介した部分はそうである。テーマは哲学あり、自然科学ありで、訳者の守備範囲をはるかに越えた内容の部分が少なくない。訳出に当たっては、できる限り正確を期すよう努めたつもりだが、思わぬ間違いを犯していないとも限らない。大方のご叱正を仰ぐしだいである。

終わりに、ドイツ語の固有名詞がやたらに多く出てくるだけでなく、内容も複雑で、厄介な本書の編集の労をとられた白水社編集部の和久田頼男、その前任者で本書の訳出をすすめて下さった小山英俊の両氏に、心からお礼申し上げる次第である。

長谷川 公昭

二〇〇三年七月

参考文献

Badia (Gilbert, sous la direction de), *Histoire de l'Allemagne contemporaine, t. 1 : Weimar. IIIe Reich,* Paris, Ed. Messidor, 1989.

Bariety (Jacques) et Droz (Jacques), *République de Weimar et régime hitlérien*, 1918-1945, Paris, Hatier, 1973, 224 p.

Bracher (Karl Dietrich), *Die Auflösung der Weimarer Republik*, Stuttgart, 1955, 2e éd., 1957,754 p. (ouvrage de référence).

Castellan (Georges), *L'Allemagne de Weimar*, 1918-1933, Paris, Colin, 1969 (bibliogr. thématique), 443 p.

Craig (Gordon), *Germany 1866-1945*, Oxford, University Press, 1978.

Eschenburg (Theodor) et al., *Der Weg in die Diktatur*, 1918-1933, München, Piper, 1962, 244 p.

Eyck (Erich), *Geschichte der Weimarer Republik, Zurich, Rentsch, t. 1*, 460 p., t.2, 620 p.

Heiber (Helmut), *Die Republik von Weimar*, München, DTV, 1968, 282 p.

Jost (Hermann) et Trommler (Frank), *Die Kultur der Weimarer Republik*, München, 1978

Klein (Claude), *La République de Weimar*, Paris, Flammarion, 1968, 142 p.

Laqueur (Walter), *Weimar, 1918-1933, trad. de l'américain*, Paris, Laffont, 1978, coll. «*Pluriel, livre de poche*», 1979, 456 p. (histoire culturelle avec bibliogr.)

Mommsen (Hans), *Die Verspielte Freiheit*, 1918-1933, Berlin, Propyläen Verlag, 1989.

Palmier (Jean-Michel), *Weimar en exil, 2 vol.*, Paris, Payot, 1987.

Poidevin (Raymond), *L'Allemagne de Guillaume II à Hindenburg, 1900-1933*, Paris, Richelieu, 1972.

Rapports et contrastes France-Allemagne 1900-1933, catalogue de l'exposition Paris-Berlin, Centre Pompidou, 1978 (illustration de la vie artistique).

Richard (Lionel), La vie quotidienne sous la République de Weimar , Paris, Hachette, 1983, 322 p.

Rosenberg (Arthur), *Geschichte der Weimarer Republik*, Frankfurt-am-Main, Europäische Verlagsanstalt. 10e éd., 1969, 268 p.

Ruge (Wolfgang), *Deutschland 1917-1933*, Berlin-Est, 1967, 535 p.

Sontheimer (Kurt), *Antidemokratisches Denken in der Weimarer Republik*, München, Nymphenburger Verlagshandlung, 1968.

Willet (John), The new Sobriety. *Art and Politics in the Weimar Period 1917-1933*, London, Thames & Hudson, 1978.

以上が，著者の挙げる英・独・仏語の参考文献であるが，訳者は以下の日本語文献を挙げておきたい．


アルトゥール・ローゼンベルク『ヴァイマル共和国成立史』（足利末男訳），みすず書房，1969年．

ピーター・ゲイ『ワイマール文化』（到津十三男訳），みすず書房，1970年．

ジークフリート・クラカウアー『カリガリからヒトラーへ』（丸尾定訳），みすず書房，1970年．

モーレンツ編／船戸満之概説『バイエルン——1919年』（守山昇訳），白水社，1978年
ウォルター・ラカー『ワイマル文化を生きた人びと』（脇圭平／八田恭昌／初宿正典訳），ミネルヴァ書房，1980年．

八田恭昌『ヴァイマルの反逆者たち』世界思想社、1981年
朝日ジャーナル編集部編『光芒の1920年代』朝日新聞社，1983年．

エーリッヒ・アイク『ワイマル共和国史　I～IV』（救仁郷繁訳），ぺりかん社，1983年．

ハインツ・グロイル『キャバレーの文化史　I・II』（平井正／田辺秀樹訳），ありな書房，1983年．

菊盛英夫『芸術キャバレー』論創社，1984年．

オットー・フリードリク『洪水の前』（千葉雄一訳），新書館，1985年
エーベルハルト・コルブ『ワイマル共和国史』（柴田敬二訳），刀水書房，1986年．

蔭山弘『ワイマル文化とナチズム』みすず書房，1986年．

平井正編『ベルリン——世界都市への胎動』国書刊行会，1986年．

平井正／岩村行雄／木村靖二『ワイマール文化』有斐閣，1987．

マリー・ヴァシルチコフ『ベルリン・ダイアリー』（白須英子訳）中央公論社，1989年．

ヘンリー・パクター『ワイマール・エチュード』（蔭山宏／柴田陽弘訳），みすず書房，1989年．

セバスティアン・ハフナー『裏切られたドイツ革命』（山田義顕訳），平凡社，1989年．

セバスティアン・ハフナー『ドイツ帝国の興亡』（山田義顕訳），平凡社，1989年．

ハリー・ケスラー『ワイマル日記　上・下』（松本道介訳），富山房，1994年．

レニ・リーフェンシュタール『回想　上・下』（椛島則子訳），文藝春秋，1995年．

訳者略歴
一九二九年生
慶大仏文科卒
ヨーロッパ現代史専攻
評論家
主要著書
「ファシスト群像」
「ナチ占領下のパリ」
「ナチ強制収容所——その誕生から解放まで」
主要訳書
ダヴィド「ヒトラーとナチズム」
ギショネ「ムッソリーニとファシズム」
ミシェル「ファシズム」
デフラーヌ「ドイツ軍占領下のフランス」
ミシェル「ヴィシー政権」

ヴァイマル共和国

二〇〇三年七月二五日 印刷
二〇〇三年八月一〇日 発行
訳 者 © 長《は》谷《せ》川《がわ》公《きみ》昭《あき》
発行者 川村雅之
印刷所 株式会社 平河工業社
発行所 株式会社 白水社
東京都千代田区神田小川町三の二四
電話 営業部〇三(三二九一)七八一一
　　 編集部〇三(三二九一)七八二一
振替 〇〇一九〇―五―三三二二八
郵便番号一〇一―〇〇五二
http://www.hakusuisha.co.jp
乱丁・落丁本は、送料小社負担にてお取り替えいたします。
製本：平河工業社
ISBN4-560-05865-2
Printed in Japan

Q 歴史・地理・民族（俗）学

18 フランス革命
62 ルネサンス
79 ナポレオン
116 英国史
133 十字軍
160 ラテン・アメリカ史
191 ルイ十四世
202 世界の農業地理
245 ロベスピエール
297 アフリカの民族と文化
309 パリ・コミューン
338 ロシア革命
351 ヨーロッパ文明史
353 騎士道
382 海賊
385 アンシァン・レジーム
412 アメリカの黒人
418 年表世界史１
419 年表世界史２
420 年表世界史３
421 年表世界史４
428 宗教戦争
446 東南アジアの地理
454 ローマ共和政
458 ジャンヌ・ダルク
469 ロシア史
484 宗教改革
491 アステカ文明
506 ヒトラーとナチズム
528 ジプシー
530 森林の歴史
536 アッチラとフン族
541 アメリカ合衆国の地理
557 ジンギスカン
566 ムッソリーニとファシズム
567 蛮族の侵入
568 ブラジル
569 地理学の方法
574 カール五世
580 フランスの地理
586 トルコ史
590 中世ヨーロッパの生活
597 ヒマラヤ
602 末期ローマ帝国
604 テンプル騎士団
610 インカ文明
615 ファシズム
620 ニジェール
627 南アメリカの地理
629 ポルトガル史
634 古代オリエント文明
636 メジチ家の世紀
637 ヴァイキング
638 ブラジル史
648 マヤ文明
660 朝鮮史
664 新しい地理学
665 イスパノアメリカの征服
669 新朝鮮事情
675 フィレンツェ史
684 ガリカニスム
685 フランスの民話
689 言語の地理学
691 近代ギリシア史
692 ドイツ軍占領下のフランス
696 マダガスカル
705 対独協力の歴史
709 ドレーフュス事件
713 古代エジプト
719 フランスの民族学
724 バルト三国
731 スペイン史
732 フランス革命史
735 バスク人
743 スペイン内戦
747 ルーマニア史
752 オランダ史
755 朝鮮半島を見る基礎知識
757 ラングドックの歴史
758 キケロ
760 ヨーロッパの民族学
766 ジャンヌ・ダルクの実像
767 ローマの古代都市
769 中国の外交
781 カルタゴ
782 カンボジア
790 ベルギー史
791 アイルランド
798 フランス植民地帝国の歴史
806 中世フランスの騎士
810 闘牛への招待
812 ポエニ戦争
813 ヴェルサイユの歴史
814 ハンガリー
815 メキシコ史
816 コルシカ島
819 戦時下のアルザス・ロレーヌ
823 レコンキスタの歴史
825 ヴェネツィア史

Q 哲学・心理学・宗教

Q 社会科学

Q 語学・文学

28 英文学史
185 スペイン文学史
209 十八世紀フランス文学
223 フランスのことわざ
237 十九世紀フランス文学
246 十七世紀フランス文学
258 文体論
266 音声学
317 フランス語の成句
407 ラテン文学史
453 象徴主義
465 ギリシア文法
466 英語史
489 フランス詩法
498 俗ラテン語
514 記号学
526 言語学
534 フランス語史
538 英文法
579 ラテンアメリカ文学史
598 英語の語彙
617 ドイツ・ロマン主義
626 言葉遊び
640 十九世紀フランス文学の展望
644 プレイヤード派の詩人たち
646 ラブレーとルネサンス
666 文芸批評の新展望
688 応用言語学
690 文字とコミュニケーション
706 フランス・ロマン主義
711 中世フランス文学
712 意味論
714 十六世紀フランス文学
716 フランス革命の文学
721 ロマン・ノワール
729 モンテーニュとエセー
730 ボードレール
741 幻想文学
753 文体の科学
774 インドの文学
775 ロシア・フォルマリズム
776 超民族語
777 文学史再考
784 イディッシュ語
788 語源学
800 ダンテ
817 ゾラと自然主義
822 英語語源学
829 言語政策とは何か
832 クレオール語
833 レトリック
838 ホメロス
839 【新版】比較文学
840 語の選択
841 印欧語
843 ラテン語の歴史
846 社会言語学